Marcians libri regularum

Maria Lapadula

Marcians libri regularum

Zur Gattung einer spätklassischen Juristenschrift

PETER LANG

Bibliografische Information der Deutschen Nationalbibliothek
Die Deutsche Nationalbibliothek verzeichnet diese Publikation in der Deutschen Nationalbibliografie; detaillierte bibliografische Daten sind im Internet über http://dnb.d-nb.de abrufbar.

ISBN 978-3-631-83063-5 (Print)
E-ISBN 978-3-631-83448-0 (E-PDF)
E-ISBN 978-3-631-83449-7 (EPUB)
E-ISBN 978-3-631-83450-3 (MOBI)
DOI 10.3726/b17547

Peter Lang – Berlin · Bern · Bruxelles · New York · Oxford · Warszawa · Wien

Diese Publikation wurde begutachtet.

www.peterlang.com

Vorwort

Das vorliegende Forschungsprojekt widmet sich der Literaturgattung der *libri regularum*. Als Untersuchungsbeispiel dienen die *libri regularum* des spätklassischen römischen Juristen Aelius Marcian. Die Idee zum vorliegenden Projekt entstand nach einer Lektüre der Habilitationsschrift von Prof. Dr. Ulrike Babusiaux, welche sich mit *Papinians Quaestiones* auseinandersetzt.[1] Prof. Dr. Babusiaux empfahl mir Marcians *libri regularum* als weiteres Forschungsobjekt.

Die justinianische Kompilation führte dazu, dass die früheren Schriften der römischen Juristen ihrer identifizierender Merkmale beraubt wurden: Die Kompilatoren haben Selbsterklärungen, Widmungen und Einleitungen oft gestrichen. Geblieben sind die Titel, wobei auch diese nicht immer widerspruchsfrei überliefert sind. So stimmt der sog. *Index Florentinus*, in welchen Justinian die Bücher aufnehmen liess, die er in den Digesten verwertete, nicht mit den in den Digesten überlieferten Schriften überein.

Der bisherige Forschungsstand zu den *libri regularum* geht davon aus, dass die *libri regularum* generalisierende Aussagen verschiedener Abstraktionsstufen (meist ohne Kasuistik)[2] und keine *responsa* und/oder Zitate anderer Juristen enthalten.[3] Eine erste Durchsicht der *libri regularum* des Marcian bestätigt dieses Bild jedoch nicht. So umfassen Marcians *libri regularum* nicht nur Kaiser- und Juristenzitate, sondern enthalten auch Kasuistik und Anwendungsbeispiele.

Die vorliegende Arbeit geht schwergewichtig nach der exegetischen Methode vor. Sie knüpft ausserdem an weitere Erkenntnisse der antiken Philosophie, aber auch an die moderne Rechtssoziologie an.

Ein grosser Dank gilt Frau Prof. Dr. Ulrike Babusiaux, die mich auf Marcians *libri regularum* aufmerksam gemacht hat und die Entwicklung der Arbeit begleitet hat. Ebenso zu grossem Dank verbunden bin ich Prof. Dr. Iole Fargnoli und Prof. Dr. Thomas Finkenauer, die durch ihre wertvollen Hinweise und Anmerkungen den Fortgang der Arbeit sehr gefördert haben.

Schaffhausen, im März 2020 Maria Lapadula

---

1 Babusiaux, Papinians Quaestiones. Zur rhetorischen Methode eines spätklassischen Juristen, München 2011.

2 Nörr, ZRG 89 (2003), S. 22.

3 Schmidlin, Rechtsregeln, S. 121.

Inhaltsverzeichnis

Einleitung

Bisher wurden Marcians *libri regularum* nie als Gegenstand einer eigenständigen Arbeit analysiert.[4] Während andere juristische Literaturgattungen des römischen Rechts wie die *quaestiones, responsa, digesta, institutiones etc.* Untersuchungsgegenstand vieler Studien und Abhandlungen gewesen sind[5], die sich explizit der Frage einer Literaturgattung widmen, ist die Gattung der *libri regularum* eher wenig erforscht.[6] Aus diesem Grund bleibt es bis heute ungeklärt, welchem Zweck diese Art von Werk diente, wer die Adressaten waren, ob es einen typischen Argumentationsaufbau gibt und wie genau Aufbau und Argumentationstechnik im Einzelnen aussehen. Untersucht wurden bisher vorwiegend die *libri regularum* als eigene Werkgattung, wobei vor allem die Unterschiede zwischen den verschiedenen *libri regularum* und weniger deren Gemeinsamkeiten herausgearbeitet wurden.

Ausgehend von der von Otto Lenel rekonstruierten Systematik[7], lässt sich folgendes chronologische Bild zur Entstehung und zum Umfang der Gattung der *libri regularum* zeichnen:

Jurist		**Werk(e)**	
Neratius Priscus	ca. 100 n. Chr.	*regularum libri XV*	7 Fragmente (4 davon 2–4-zeilig)
Pomponius	2. Jh. n. Chr.	*regularum liber singularis*	6 Fragmente (3 davon 2–3-zeilig).
Gaius	Mitte 2. Jh. n. Chr.	*regularum libri III*	2 Fragmente (2-zeilig und 4-zeilig)

4 Zu den Institutionen des Marcian: Domenico Dursi (Hrsg.), Aelius Marcianus. Institutionum libri I–V, Scriptores iuris Romani, 4, Roma 2019.

5 Nur eine beispielhafte, unvollständige Aufzählung: Babusiaux, Papinians Quaestiones, München 2011; Bernd Eckhardt, Iavoleni Epistulae, Berlin 1978; Kathrin Fildhaut, Die libri disputationum des Claudius Tryphonius. Eine spätklassische Juristenschrift, Berlin 2004; Ulrich Manthe, Die libri ex Cassio des Iavolenus Priscus, Berlin 1982; Hans-Jörg Roth, Alfeni Digesta. Eine spätrepublikanische Juristenschrift, Berlin 1999; Justus Schmidt-Ott, Pauli Quaestiones. Eigenart und Textgeschichte einer spätklassischen Juristenschrift, Berlin 1993; Carsten Zülch, Der liber singularis responsorum des Ulpius Marcellus, Berlin 2001.

6 Eine aktuellere Untersuchung zu den *libri regularum* des Licinius Rufinus findet sich bei Biedermann: Felix Biedermann, Die Rechtsansichten des Licinius Rufinus, Hamburg 2013; vgl. auch Fara Nasti, Index 33 (2005), S. 263–292.

7 Otto Lenel, Palingenesia iuris civilis, 2 Bde, Leipzig 1889 (Neudr. 1961).

Jurist		Werk(e)	
		regularum liber singularis	1 Fragment (2-zeilig)
Cervidius Scaevola	Mitte 2. Jh. n. Chr.	*regularum libri IV*	18 Fragmente (13 davon 2–4-zeilig)
Paulus	Anfang 3. Jh. n. Chr.	*regularum libri VII*	11 Fragmente (4 davon 2–4-zeilig)
		regularum liber singularis	8 Fragmente (alle höchstens 5-zeilig)
Licinius Rufinus	Anfang 3. Jh. n. Chr.	*regularum libri XII* oder *XIII*	17 Fragmente (8 davon 2-zeilig)
Ulpianus	Anfang 3. Jh. n. Chr.	*regularum libri VII*	20 Fragmente (10 davon 2–4-zeilig)
		regularum liber singularis	5 Fragmente (alle 3-zeilig)
Marcianus	Anfang 3. Jh. n. Chr.	*regularum libri V*	78 Fragmente (33 davon 2–4-zeilig)
Modestinus	Mitte 3. Jh. n. Chr.	*regularum libri X*	107 Fragmente (81 davon 2–4-zeilig)

Diese Aufstellung könnte *prima facie* eine Art Entwicklung der *libri regularum* aufzeigen und die Vermutung begründen, dass die *libri regularum* im Laufe der Zeit immer umfangreicher wurden.[8] Eine solche Entwicklung suggeriert die vierte Spalte der Tabelle. Eine entsprechende These ist allerdings nur mit grossen Vorbehalten aufzustellen, haben die Kompilatoren doch eher aus den Texten der Spätklassiker geschöpft, weshalb der Schluss nahe liegt, dass von diesen ein grösserer Anteil überliefert worden sein könnte.

Dass die Fragmente in den *libri regularum* immer länger und detaillierter wurden, lässt sich aus den dargestellten Überlieferungen somit nicht direkt ablesen. Zwar enthalten Marcians und Modestins *libri regularum* längere und zusammenhängende Textpassagen, doch ist eine Kürzung der früheren *libri regularum* durch die Kompilatoren nicht auszuschliessen.

Stein hat aufgezeigt, dass *libri regularum* generelle, regelhaftige Aussagen enthalten.[9] Nach Schmidlin stellen sie den Versuch dar, aus der Kasuistik allgemeine Aussagen zu bilden.[10] Gemäss Nörr enthalten *libri regularum*

---

8 Stein, Regulae iuris, S. 85.
9 Ders., Regulae Iuris, S. 80 f.
10 Schmidlin, ANRW II.15 (1976), S. 105.

generalisierende Aussagen, die jedoch in ihrem Abstraktionsgrad nicht zu hoch seien, da auch längere kasuistische Fälle vorkämen.[11] Laut De Giovanni sollen *libri regularum* aus dem Bedürfnis heraus entstanden sein, die juristischen Fälle nach verschiedenen Konzepten zu untergliedern.[12]

Liebs, der sich zuletzt explizit mit den marcianischen *libri regularum* auseinandergesetzt hat, sieht diese als Werk mit prägnanten und einprägsamen Rechtssätzen, die als Richtlinien dienen würden.[13] Die vorliegende Arbeit baut auf diese Untersuchungen auf und versucht, aus der juristischen Analyse der einzelnen Fragmente die Vorstellungen und Gedanken des Verfassers Marcian bei der Wahl der Werkgattung zu eruieren.

Eine Untersuchung der *libri regularum* des Marcian sieht sich mit der Schwierigkeit konfrontiert, dass die Schriften nicht vollständig überliefert sind. Insbesondere hat die Überlieferungsweise der Schriften der römischen Juristen in der justinianischen Kompilation die Werke vieler ihrer individualisierenden Merkmale beraubt: Die Kompilatoren haben entscheidende und aussagekräftige Indizien wie Selbsterklärungen, Widmungen und Einleitungen gestrichen.[14] Geblieben sind die Titel, wobei auch diese nicht immer widerspruchsfrei überliefert sind. So stimmt der sog. *Index Florentinus*, in den Justinian die Bücher aufnehmen liess, welche er in den Digesten verwertete, nicht mit den in den Digesten überlieferten Schriften überein.[15]

Des Weiteren muss in Erwägung gezogen werden, dass Divergenzen bestanden haben könnten zwischen dem, was der Jurist als Regel bezeichnete, und dem, was der Redaktor als Regel qualifizierte.

1. Zum Verhältnis zwischen den *libri regularum* und D. 50.17

Einen möglichen Ansatz zum Verständnis der *libri regularum* des Marcian bietet die Untersuchung, inwieweit die Kompilatoren bei der Abfassung des letzten Titels der Digesten – *De diversis regulis iuris antiqui* – aus den *libri regularum* geschöpft haben. Von den Fragmenten stammen lediglich drei Stellen nachweislich aus den *libri regularum*. Es handelt sich um D. 50.17.100 (*Gaius libro primo regularum*), D. 50.17.196 (*Modestinus libro octavo regularum*) und D. 50.17.210 (*Licinius libro secundo regularum*).

---

11 Nörr, ZRG rom. Abt. 89 (1972), S. 73.

12 De Giovanni, S. 115.

13 Liebs, ZRG rom. Abt. 128 (2011), S. 43.

14 Anstatt vieler: Kaser, Römische Rechtsquellen, S. 151; Wieacker, Römische Rechtsgeschichte, S. 291.

15 Wieacker, Textstufen, S. 59.

Unter dem Titel D. 50.17 machen die Fragmente aus den Werken *ad edictum* den grössten Teil aus. Insgesamt erscheinen 54 Stellen aus Ulpians *ad edictum*, 49 Stellen aus Paulus' *ad edictum* und 18 Stellen aus Gaius' *ad edictum provincinale* bzw. *ad edictum praetoris urbani* und *urbicum*. Des Weiteren erscheinen 42 Fragmente aus den *libri ad Sabinum* (6 von Paulus, 13 von Pomponius und 23 von Ulpian). Aus Paulus' *libri ad Plautium* stammen 24 Fragmente. Nicht in derselben Grössenordnung, aber doch in beachtlichem Umfang vertreten sind mit 10 Stellen die *digesta* des Celsus, mit 6 Stellen diejenigen des Iulian, mit 10 Stellen Papinians *quaestiones* und ebenfalls mit 10 Stellen Paulus' *quaestiones*.

Die übrigen Fragmente stammen aus verschiedenen Werken, die im Folgenden aufgelistet

Marcellus – Digesta
Modestinus – Differentiarum
Modestinus – De ritu nuptiarum
Pomponius – Ad Quintum Mucium
Pompinius – Ex variis lectionibus
Ulpianus – De officio proconsulis
Ulpianus – Fideicommissorum
Ulpianus – Disputationes
Ulpianus – Opiniones
Ulpianus – Ad legem Iuliam et Papiam
Iavolenus – Ex Cassio
Iavolenus – Epistulae
Iavolenus – Ex posterioribus Labeonis
Papinian – Responsa
Papinian – Definitiones
Scaevola – Quaestiones
Scaevola – Responsa
Paulus – De cognitionibus
Paulus – De dotis repetitione
Paulus – De adsignatione libertorum
Paulus – Ad Vitellium
Paulus – Ad legem Iuliam et Papiam
Quintus Mucius Scaevola – Liber singularis
Maecentaus – Fideicommissorum

Hermogenianus - Epitomarum
Venonius - Stipulationum

Eine Verbindung zwischen den *libri regularum* und D. 50.17 erscheint daher eher unwahrscheinlich. Dies spricht dafür, dass die *regulae* an sich und die *libri regularum* nicht gleichzusetzen sind. Damit hilft auch die Justinianische Kompilation nicht weiter, um die Werkgattung der *libri regularum* zu klären.

2. Bisheriger Forschungsstand

Die bisherige Forschung hat sich vorrangig mit dem Begriff der *regula* und darauf aufbauend auch mit dem Begriff der *libri regularum* befasst.

2.1. Definition der *regula*

Eine *regula* (griechisch κανών oder als Synonym auch κριτήριον) ist ein Erkenntniskriterium, das zur Unterscheidung zwischen wahr und falsch, zwischen Recht und Unrecht, zwischen Gut und Böse dient (vgl. epikureische und stoische Philosophie, D. 1.3.2).[16]

Die *regula* ist demnach ein Mittel der Erkenntnis und gleichzeitig eine aus dem Standard gewonnene Einzelregel im Sinn eines Mass-stabs; sie hat somit einen Doppelsinn.[17] Der Begriff wurde wahrscheinlich der Grammatik[18] entnommen, in Anlehnung an das griechische *κανών* i.S.v. Einzelregel.[19] Weit gefasst kann man sagen, dass *regulae* Verhaltensnormen sind.[20]

In diesem Sinne umfasst der Begriff *regula* alles, was als Richtmass, Grenze oder Leitlinie dienen kann. Darunter fallen auch die Eingrenzung von Begriffen, die Klärung von Formelworten, kasuistische Leitsätze und selbst Rechtssprüche.[21] Diese wurden jedoch von den römischen Juristen selten ungeprüft

16 Nörr, ZRG rom. Abt. 89 (1972), S. 31.
17 Ders., ZRG rom. Abt. 89 (1972), S. 32.
18 Ders., ZRG rom. Abt. 89 (1972), S. 32 f.
19 Schmidlin, Rhetorik, S. 117.
20 Nörr, ZRG rom. Abt. 89 (1972), S. 33; Schmidlin, ANRW II.15 (1976), S. 117.
21 Schmidlin, ANRW II.15 (1976), S. 125; zum Verhältnis zwischen *ius* und *regula* vgl. D. 50.17.1, Paulus libro 16 ad Plautium: *Regula est, quae rem quae est breviter enarrat. Non ex regula ius sumatur, sed ex iure quod est regula fiat. Per regulam igitur brevis rerum narratio traditur, et, ut ait Sabinus, quasi causae coniectio est, quae simul cum in aliquo vitiata est, perdit officium suum.* Eine Regel ist, was einen vorliegenden Gegenstand kurz angibt, nicht so dass aus der Regel das Recht abgeleitet, sondern so, dass aus dem vorhanden Recht eine Regel gebildet wird. Durch eine Regel wird also eine

angewandt und eine anderweitige Lösung als die *regula* war durchaus denkbar.[22] Dementsprechend wurde den *regulae* keine normative Kraft beigemessen.[23] Dieses Verständnis der *regulae* ist jedoch, wie sich im Folgenden noch zeigen wird, nicht deckungsgleich mit den in den *libri regularum* enthaltenen *regulae.*

2.2. Zu den *libri regularum*

Bisher ist diese Werkgattung – wie einleitend erwähnt – nur auf wenig Interesse in der Romanistik gestossen. Eine Ausnahme bilden die Arbeiten von Stein und Schmidlin. Ebenfalls der Erwähnung bedürfen die Arbeiten von Liebs zu den Sentenzen des Paulus[24] und von Avenarius zu Ulpians *liber singularis regularum.*[25]

2.2.1. Die Forschungsergebnisse von Peter Stein

In seinem Werk *Regulae Iuris. From juristic rules to legal maxims*[26] erläutert Peter Stein, dass Neraz' Einführung und Verwendung des Titels *libri regularum* dem zeitgenössischen Gebrauch unüblicher, sonderbarer Titel entspreche[27]; dies kam einer damaligen Modeerscheinung gleich.[28] Die *libri regularum* zeichnen sich gemäss den Erkenntnissen von Stein dadurch aus, dass sie dogmatische Regeln ohne argumentative Strukturen oder autoritative Zitate enthalten.[29] Sie basieren somit allein auf der Autorität des Verfassers.[30] Aufgrund der unsystematischen Gliederung scheinen sie nicht für Anfänger im juristischen Studium gedacht gewesen zu sein.[31] Nach Stein dienten sie fortgeschrittenen Lesern,

---

kurze Angabe von Gegenständen, und, wie Sabinus sagt, gleichsam eine Zusammenfassung der Sache gegeben, und sie verliert, sobald sie in irgend einem Falle fehlerhaft gebraucht wird, ihre Gültigkeit; gemäss Paulus ist folglich nicht *ius* an der Regel, sondern die Regel ist am *ius* zu messen, d.h. die Regel ist unter das *ius* zu stellen. Für Paulus ist *ius* das System, in das sich die Regeln einfügen müssen.

22 Wieling, ZRG rom. Abt. 87 (1970), S. 242.

23 Ders., ZRG rom. Abt. 87 (1970), S. 243.

24 Liebs, in: Hermeneutik der Quellentexte, S. 157–175.

25 Martin Avenarius, Der pseudo-ulpianische liber singularis regularum. Entstehung, Eigenart und Überlieferung einer hochklassischen Juristenschrift, Göttingen 2005.

26 Stein, Regulae iuris, S. 74–89.

27 Wie Labeos *pithana* oder Neraz' *membranae.*

28 Stein, Regulae iuris, S. 79.

29 Ders., Regulae iuris, S. 80.

30 Ders., Regulae iuris, S. 80.

31 Ders., Regulae iuris, S. 80.

die sich mit dem Recht schon auskannten und eine Art Nachschlagewerk ohne jegliche Argumentationen und Begründungen benötigten. Dabei denkt STEIN konkret an Beamte *ab epistulis* oder *a libellis*.[32] Gemäss den Forschungen von STEIN kommt in den später entstandenen *libri regularum*, spezifisch von Gaius und Pomponius, zunehmend ein akademischer Stil zum Ausdruck.[33] In die letzte Gruppe von *libri regularum*-Verfassern fallen Licinius Rufinus, Marcian und Modestinus. Deren Werke enthalten umfassendere Darstellungen, greifen häufig auf Autoritätszitate zurück und tendieren zu mehr Koordination und Klassifikation.[34] Gemäss STEIN ist angesichts der Koordination eine gewisse Ähnlichkeit zu den Institutionen nicht zu übersehen. Obwohl diese Werke in gewissen Problemerörterungen auch den *responsa* gleichen, sind sie nach STEIN zweifellos für kaiserliche Beamte verfasst worden.[35]

Die Beziehung zwischen den *regulae* der *veteres* und den *regulae* der Regelwerke besteht gemäss STEIN darin, dass beide festgestelltes, zur objektiven *auctoritas* gewordenes Juristenrecht enthalten.[36] Damit hat STEIN die Einseitigkeit der herkömmlichen Auffassung des römischen Juristenrechts berichtigt[37], indem er die juristische Methode in der Bildung von generellen Prinzipien und Regeln grundlegend erläuterte.[38] Insbesondere widersprach STEIN der damaligen allgemeinen Meinung, das klassische römische Recht enthalte keine generellen, regelhaftigen Aussagen.[39]

2.2.2. Die Forschungsergebnisse von BRUNO SCHMIDLIN

Nur wenige Jahre nach STEIN hat sich BRUNO SCHMIDLIN in seinem Werk *Die römischen Rechtsregeln. Versuch einer Typologie*[40] ebenfalls mit den *libri regularum* auseinandergesetzt. SCHMIDLIN zufolge umfasst der Begriff *regula* alles, was als Richtmass, Grenze oder Leitlinie dienen kann.[41] Die *libri regularum* seien in Anlehnung an Labeos *Pithana* entstanden, welche aus kurzen regelhaften Aussagen

32 DERS., Regulae iuris, S. 80 f.
33 DERS., Regulae iuris, S. 83.
34 DERS., Regulae iuris, S. 86.
35 DERS., Regulae iuris, S. 88.
36 WIEACKER, ZRG rom. Abt. 84 (1967), S. 439.
37 WIEACKER, ZRG rom. Abt. 84 (1967), S. 442.
38 BARRY, Journal of Roman Studies, Vol. 58 (1968), S. 269.
39 KELLY, The Classical Review, Vol. 17 (1967), S. 361.
40 SCHMIDLIN, Die römischen Rechtsregeln, S. 120–142.
41 DERS., Die römischen Rechtsregeln, S. 125.

kasuistischen Inhalts bestanden.[42] Die *libri regularum* enthalten nach SCHMIDLIN aber eine neue Art von Regelaussagen, die nichts mit den Rechtssprüchen zu tun haben.[43] So seien *responsa* und Zitate anderer Juristen in den *libri regularum* allgemein ungebräuchlich.[44] Da die *libri regularum* in der gleichen Epoche entstanden seien, in der sich die prokulianischen und die sabinianischen Schulgemeinschaften bildeten, liege die Vermutung nahe, dass sie didaktischen Zwecken dienten.[45] Jedoch sei ihr Aufbau nicht auf die Bedürfnisse lernender Juristen abgestimmt, und die Regeln seien zu anspruchsvoll, als dass sie Anfängern das Verständnis erleichtern würden.[46] SCHMIDLIN unternahm eine Gliederung der in den *libri regularum* enthaltenen Arten von Regeln. Zu einer ersten Gruppe zählt er die kasuistischen Regeln, bei denen die *regula* durch ergänzende Zusätze präzisiert, diskutiert oder begründet wird.[47] Die zweite Gruppe enthält die Definitionen (Erklärung von Rechtseinrichtungen, *divisiones*, *partitiones*).[48] Drittens unterscheidet er eine Gruppe von Regeln aus Reskripten, bei denen die Juristen keine vollständigen Reskripte aufnehmen, sondern nur über solche referieren und die kaiserliche Entscheidung als Begründung heranziehen.[49] Zeitlich macht er die Entstehung der *libri regularum* in der hochklassischen sowie am Anfang der spätklassischen Epoche fest.[50] Nach SCHMIDLIN war die Herausbildung der Schulgemeinschaften der Sabinianer und Prokulianer die Ursache für die Entstehung der *libri regularum*.[51] Direkte Vorläufer der *libri regularum* sollen Labeos Pithana[52] und Scaevolas Horoi gewesen sein.[53] Diese enthalten glaubhafte und plausible Aussagen, welche sich nicht auf einen strengen Beweis stützen können, aber dennoch dem Verständigen einsichtig sind. Somit stellen sie Aussagen dar, die allgemeine Zustimmung finden.[54] Sie stellen die ersten literarischen Versuche dar, aus der Kasuistik allgemeine

42 DERS., Die römischen Rechtsregeln, S. 124.
43 DERS., Die römischen Rechtsregeln, S. 120.
44 DERS., Die römischen Rechtsregeln, S. 121.
45 SCHMIDLIN, Die römischen Rechtsregeln, S. 122; SANTALUCIA, Labeo (1974), S. 266.
46 SCHMIDLIN, Die römischen Rechtsregeln, S. 127.
47 DERS., Die römischen Rechtsregeln, S. 131.
48 DERS., Die römischen Rechtsregeln, S. 138.
49 DERS., Die römischen Rechtsregeln, S. 141.
50 DERS., Die römischen Rechtsregeln, S. 122.
51 DERS., Die römischen Rechtsregeln, S. 122.
52 Zu den Pithana allgemein: FORMIGONI, ΠΙΘΑΝΩΝ. A Paulo Epitomatorum libri VIII. Sulla funzione critica del commento del giurista Iulius Paulus, Milano 1996.
53 SCHMIDLIN, Die römischen Rechtsregeln, S. 126; DERS., ANRW II.15 (1976), S. 105.
54 SCHMIDLIN, ANRW II.15 (1976), S. 123 f.

Aussagen zu bilden.[55] Dabei bezeichnet das *pithanon* das Wahrscheinliche und das Glaubwürdige: Es liefert somit eine glaubwürdige und überzeugende, aber nicht zwingende Folgerung.[56]

2.2.3. *Kritik an Schmidlins Systematik (Dieter Nörr)*

Schmidlins Einteilung wurde von seinen Rezensenten als zu systematisch kritisiert und die Unterteilungen der *regulae* als unnötig angesehen.[57] Darüber hinaus wurde kritisiert, Schmidlin schenke der Tatsache, dass *regulae* bei jedem Juristen anders verstanden und interpretiert wurden, zu wenig Beachtung.[58] Auch habe Schmidlin die Struktur- und Wesensunterschiede zwischen den einzelnen *libri regularum* nicht thematisiert.[59]

Eine ausführliche Rezension zu Schmidlins Werk bietet Dieter Nörr im Jahr 1972 im Rahmen seines Aufsatzes *Spruchregel und Generalisierung*[60]. Nörr widerspricht Schmidlins Feststellung, dass die *libri regularum* eine feste Werkgattung seien, da man die fragmentarische Erhaltung und die Vorliebe der Kompilatoren für generalisierende Äusserungen bedenken müsse.[61] Nörr erläutert, dass die Regeln in den *libri regularum* zwar generalisierende Aussagen verschiedener Abstraktionsstufen enthielten (meist ohne Kasuistik), jedoch nicht mit den kompakten *regulae iuris* (z.B. nach Art der *regula Catoniana*) kompatibel seien.[62] Der Abstraktionsgrad der Generalisierungen sei häufig nicht allzu hoch, und es kämen auch längere *problemata* vor.[63] Als Zweck der *libri regularum* sei die wissenschaftliche Diskussion plausibel.[64] Schliesslich ist nach Nörr mit der Behauptung, die Regeln seien aus einem Induktionsprozess entstanden, vorsichtig umzugehen, da eine Regel – wie Schmidlin bereits festgestellt hatte – schon aus einer einzelnen Entscheidung gebildet werden könne, sodass sie nicht auf Induktion beruhe, sondern auf Evidenz.[65]

55 Ders., ANRW II.15 (1976), S. 105.
56 Ders., (1976), S. 112, S. 114; vgl. Diocles Magnes apud Diog. Laert. 7.75.
57 Santalucia, Labeo (1974), S. 273.
58 Ders., Labeo (1974), S. 273.
59 Ders., Labeo (1974), S. 273.
60 Nörr, ZRG rom. Abt. 89 (1972), S. 18–93.
61 Ders., ZRG rom. Abt. 89 (1972), S. 73.
62 Nörr, ZRG rom. Abt. 89 (1972), S. 22.
63 Ders., ZRG rom. Abt. 89 (1972), S. 73.
64 Ders., ZRG rom. Abt. 89 (1972), S. 75.
65 Ders., ZRG rom. Abt. 89 (1972), S. 80.

2.2.4. *Die Forschungsergebnisse von Lucio De Giovanni*

Dreissig Jahre später hat sich Lucio de Giovanni der *libri regularum* Marcians angenommen. Der italienische Romanist postuliert in seinem Werk *Giuristi Severiani. Elio Marciano*[66], dass die *libri regularum* aus dem Bedürfnis heraus entstanden seien, die Kasuistik zu ordnen[67] und die juristischen Institute in Konzepte zu untergliedern.[68] Die *libri regularum* enthielten Regeln verschiedener Art und Natur: kasuistische Regeln, Tatsachenfragen, hypothetische Fragen, Definitionen, Einteilungen, Reskriptenzitate etc.[69] Marcians *libri regularum* würden dem Konzept aus D. 50.17.1 folgen, wonach „*non ex regula ius sumatur*", aber „*ex iure quod est regula fiat*". Zusammenfassend sei Marcian bemüht gewesen, ein Instrumentarium des Rechts für die Provinzen zu bilden.[70] De Giovanni beobachtete, dass Marcian eine erhebliche Bereitschaft für neue Lösungen zeige.[71] Diese Beobachtung alleine vermag nach Artur Völkl die These der Ausrichtung des Werks auf die Praxis in den Provinzen nicht zu unterstützen.[72]

2.2.5. *Die Forschungsergebnisse von Detlef Liebs*

Zuletzt hat sich Detlef Liebs in seinem 2011 erschienenen Aufsatz *Aelius Marcian. Ein Mittler des römischen Rechts in die hellenistische Welt*[73] mit den *libri regularum* befasst. Er meint, dass *regulae* mit „Richtlinien" übersetzt werden könne. Marcians Werk enthalte prägnante und merkwürdige Rechtssätze, und der Verfasser knüpfe, im Gegensatz zu früheren Autoren von *regulae*-Werken, stets weitere Überlegungen an und gehe auch auf Literatur und Kaiserkonstitutionen ein.[74] Neratius habe das Wort *regula* mit seinem ersten *liber regularum* in die Rechtssprache eingeführt. Er könnte die Anregung zu diesem Titel aus der Grammatik entnommen haben.[75] Seine Absicht sei wohl gewesen, einen besonderen Buchtitel zu finden, ähnlich wie *membranae*. Er habe die Leser verblüffen wollen.[76]

---

66 De Giovanni, S. 111–155.
67 Ders., S. 113.
68 Ders., S. 115.
69 De Giovanni, S. 113.
70 Ders., S. 154.
71 Völkl, ZRG rom. Abt. 109 (1992), S. 658.
72 Ders., ZRG rom. Abt. 109 (1992), S. 658.
73 Liebs, ZRG rom. Abt. 128 (2011), S. 39–82.
74 Ders., ZRG rom. Abt. 128 (2011), S. 43.
75 Schmidlin, ANRW II.15 (1976), S. 118.
76 Nörr, ZRG rom. Abt. 89 (1972), S. 46.

2.2.6. *Würdigung*

Es kann somit festgehalten werden, dass alle bisherigen Romanisten, welche die *libri regularum* untersucht haben, diese zwar als eine eigene Werkgattung betrachtet und versucht haben, deren Gemeinsamkeiten und Kriterien zu erläutern, jedoch bei jeder Untersuchung eher die Unterschiede der verschiedenen *libri regularum* ans Licht gebracht wurden. Zudem wurde der Schwerpunkt dieser Abhandlungen stets auf kurze Rechtssätze gesetzt, als sonderbare Erscheinungen in der klassischen Zeit des römischen Rechts. Dass spätere *libri regularum* auch längere Passagen enthielten und des Öfteren auch Kasuistik behandelten, wurde zur Kenntnis genommen, jedoch schnell als Besonderheit abgestempelt. Den Besonderheiten der Werkgattung des *liber regularum* wurde so nicht gebührend Rechnung getragen. Das nachzuholen ist die Aufgabe der vorliegenden Abhandlung, die sich aus Platzgründen auf Marcian konzentriert.

3. Marcians *libri regularum*

Eine erste Durchsicht der *libri regularum* des Marcian ergibt ein vielschichtiges, uneinheitliches Bild der *„regulae"*. Marcians *libri regularum* umfassen nicht nur Kaiser- und Juristenzitate, sondern enthalten auch Kasuistik und Anwendungsbeispiele.

3.1. Zur Person Marcians

Aelius Marcian studierte römisches Recht bei Ulpian.[77] Dies lässt sich primär daran erkennen, dass die Nähe seiner Sprache zu derjenigen Ulpians grösser ist als die sprachliche Nähe jeglicher anderer römischer Juristen zueinander.[78]

Vermutet wird, dass er nicht als Gutachter tätig war, sondern als Lehrer und Verfasser von Juristenschriften.[79] Wahrscheinlich übte er eine öffentliche Lehrtätigkeit oder den Beruf des Rechtslehrers aus. Er könnte frei unterrichtet haben, vielleicht schon fest besoldet.[80] Eine weitere Möglichkeit wäre die Tätigkeit als freier juristischer Schriftsteller und Gelehrter.[81] Liebs und Honoré meinen, eine

---

77 Liebs, ZRG rom. Abt. 128 (2011), S. 69.

78 Kalb, S. 138–140; Honoré, Emperor and Lawyers, S. 94; Ders., Ulpian, S. 137; Liebs, ZRG rom. Abt. 128 (2011), S. 41.

79 Liebs, ZRG rom. Abt. 128 (2011), S. 39.

80 Ders., ZRG rom. Abt. 128 (2011), S. 70.

81 Ders., ZRG rom. Abt. 128 (2011), S. 43.

Tätigkeit Marcians als reiner öffentlicher Gutachter sei auszuschliessen.[82] Er hat keine *responsa* und keine rein kasuistischen Werke verfasst. Jedoch könnte er nach Kunkel, aufgrund der grossen Zahl der von ihm zitierten Reskripte, eine Stelle in der Reichskanzlei gehabt haben.[83]

3.2. Zur Datierung der *libri regularum*

Die Datierung von Marcians *libri regularum* erweist sich als problematisch.[84] Im fünften Buch der *regularum libri* sind einmal *Divi Severus et Antoninus* (D. 48.13.6) genannt, ein anderes Mal ist von *Rescriptis divi Magni Antonini* (D. 44.3.9) die Rede, und ein weiteres Mal heisst es schlicht *Severus et Antoninus* (D. 48.4.5). Im ersten Buch wiederum werden *Divus Severus et Antoninus* (D. 47.11.4) erwähnt, während im zweiten Buch schlicht *Imperator Antoninus* genannt wird (D. 48.22.16). Daraus lässt sich schliessen, dass, als Marcian mit der Niederschrift begann, Caracallas Vergöttlichung noch ausstand oder Marcian noch nicht bekannt war, während die Vergöttlichung, als er schliesslich das fünfte Buch verfasste, unterdessen erfolgt war oder er davon erfahren hatte. Somit ist die Schrift vermutlich in den Jahren 218/219 n. Chr. entstanden.[85]

4. Zu dieser Arbeit

Es gab bisher verschiedene methodische Ansätze, um das Wesen der *libri regularum* und der *regulae* zu erforschen. Der historische Ansatz drückt bspw. aus, wie *regula* in den Quellen bezeichnet ist.[86] Beim systematischen Ansatz nimmt man ein vollständiges System der juristischen Methode als Basis und bezeichnet ein Element dieses Systems als *regula*.[87]

Bei der vorliegenden Untersuchung stellt die spärliche Überlieferung der *libri regularum* nur eine der vielen Schwierigkeiten dar.[88] Zudem weisen die *libri regularum* auch keine besondere Uniformität auf; daher scheint eine Verallgemeinerung eher schwierig zu sein. Gleichwohl kann versucht werden, für das

---

82 Vgl. die Studie, in der geprüft wird, ob Marcian der „Caracalla's secretary no. 5" sein könnte, wenn auch diese These in derselben Studie verworfen wird: Honoré, Emperors and Lawyers, S. 68; A.M. De Giovanni, S. 13.

83 Kunkel, S. 258, der Krüger zitiert: Krüger, S. 251.

84 De Giovanni, S. 115.

85 Liebs, ZRG rom. Abt. 128 (2011), S. 50.

86 Nörr, ZRG rom. Abt. 89 (1972), S. 21.

87 Nörr, ZRG rom. Abt. 89 (1972), S. 22.

88 Schmidlin, ANRW II.15 (1976), S. 120–122.

Werk eines einzelnen Juristen zu klären, welche methodischen Vorstellungen er mit dem gewählten Titel verbindet. Dies soll in erster Linie durch einen Induktionsschluss erfolgen: Aus der Analyse der Fragmente wird abgeleitet, welche Grundsätze oder Vorstellungen der Verfasser des Werkes hatte. Da die entsprechenden Aussagen in der juristischen Literatur fehlen, soll mithilfe der antiken Nachbarwissenschaften[89] der Jurisprudenz versucht werden, die Struktur und Gattung der marcianischen *libri regularum* näher zu beschreiben. Diese Untersuchung bemüht sich somit um ein Verständnis der *libri regularum* aus dem Werk selbst. Es soll im Sinne einer Aufnahme des Befundes untersucht werden, ob und unter welchen tatsächlichen Bedingungen eine Regelbildung stattfindet.[90] Die *libri regularum* des Marcian sollen mithin als Sammlung aus sich selbst heraus verständlich sein ohne Bezug auf ihren Kontext.[91] Um Marcians Methode zu beschreiben und zu untersuchen, werden einzelne Fälle betrachtet, da die jeweilige Methode auf diese Weise sichtbar gemacht werden kann.

4.1. Darstellungsarten

Die Durchsicht der überlieferten Fragmente ergibt – im Vorgriff auf die weitere Untersuchung – verschiedene Darstellungsarten, die als *reguale* bezeichnet werden können. Die verschiedenartige Struktur der einzelnen Fragmente aus den *regulae* verlangt zunächst eine getrennte Untersuchung der verschiedenen Arten, bevor eine Synthese versucht werden kann. Durch die Analyse des überlieferten Materials wird die Methode von Marcians Rechtsfindung untersucht. So werden neben der inhaltlichen Auswertung auch die verschiedenen Argumentationsfiguren interpretiert und ausgewertet. Die juristische Analyse wird auf der Basis von Steins, Schmidlins, Nörrs, De Giovannis und Liebs' Arbeiten aufgebaut; dabei wird philosophische und rhetorische Literatur punktuell berücksichtigt.

4.2. Entscheidungsgrundlage

Die Entscheidung, ob eine *regula* vorliegt, wird aufgrund der folgenden Überlegungen zu fällen sein: Eine *regula* will einen Standard für die Zukunft setzen. Regelcharakter kann demnach nicht in solchen Fällen bejaht werden, welche vom Sachverhalt her nur einmal geschehen können. Eine Regel setzt nämlich

89 Wieacker, Index 22 (1994), S. 10. Wieacker betont die Notwendigkeit des Beizugs von Nachbardisziplinen, um die spezifische Relevanz für das soziale Regelsystem des Rechts in der römischen Antike zu erforschen.

90 Berkemann, in: Generalisierung und Individualisierung im Rechtsdenken, S. 7.

91 Vgl. Höfler, in: LeGes, Gesetzgebung Evaluation, 27 (2; 2016), S. 249.

voraus, dass die juristische Beurteilung einen Fall nicht in seiner unwiederholbaren und unvergleichbaren Einzigartigkeit, sondern nur in bestimmten Hinsichten erfasst.[92] Auf der anderen Seite stellen allgemeine, abstrakte Fallkonstellationen auf jeden Fall eine Regel dar. Eine Regel liegt sicherlich auch vor, wenn deren Anwendbarkeit generalisierend für andere Fälle verhaltensleitend gedacht und gewollt ist.[93] Die problematischen Fälle liegen zwischen diesen zwei Extremen. Der Gedanke eines einzigen Prinzips, das eine *regula* ausmachen soll, ist nämlich eine willkürliche Annahme. Die Entscheidung, ob eine *regula* vorliegt, wird durch ein System von Kriterien erfolgen.

4.3. Kriterien

Die römische Rechtsentwicklung tendierte dazu, alte Rechtsschriften nicht abzuschaffen, sondern aufzubewahren und die neuen Vorschriften neben die bestehenden zu stellen.[94] Man spricht von den Rechtsschichten des römischen Privatrechts, die von den römischen Juristen nicht hierarchisch, sondern genetisch geordnet wurden, denn eine neue Rechtschicht hatte stets den Zweck, die Gegensätze zum bestehenden Recht zu betonen.[95] Beim römischen Recht handelt es sich um eine regelrechte Anhäufung verschiedener Ordnungen, die über verschiedene Regelungen mit einer ähnlichen Zielsetzung und eine Vielfalt an Ausnahme- und Sondervorschriften verfügt.[96] Aus diesem Grund sind für die Beantwortung der dieser Arbeit zugrunde liegenden Frage nach dem Vorliegen einer *regula* besondere Kriterien aufzustellen.

Für die Bestimmung der einzelnen Kriterien eignen sich komparative Sätze, denn sie bringen zum Ausdruck, dass das Ausmass der Erfüllung eines Merkmals vom Vorliegen oder von der Intensität eines anderen Merkmals abhängt. Sprachlich lauten solche komparativen Sätze wie folgt: „je mehr bzw. je eher a, desto mehr bzw. desto eher b".

Die Beurteilung der Frage, ob eine *regula* vorliegt, wird in dieser Arbeit gestützt auf die folgenden Kriterien vorgenommen:

- Je abstrakter der Sachverhalt geschildert wird, desto grösser ist der potentielle Geltungsbereich und desto eher liegt eine *regula* vor.

92 Lüderssen, in: Generalisierung und Individualisierung im Rechtsdenken, S. 130.
93 Berkemann, in: Generalisierung und Individualisierung im Rechtsdenken, S. 15.
94 Babusiaux, Wege zur Rechtsgeschichte, S. 26.
95 Dies., Wege zur Rechtsgeschichte, S. 37.
96 Dies., Wege zur Rechtsgeschichte, S. 25.

- Je genereller der Geltungsbereich ist und somit auf eine Personengruppe oder gar auf die Gesamtheit zutrifft, desto eher liegt eine *regula* vor.
- Je wiederholbarer und auf andere Fälle übertragbarer der Sachverhalt ist, desto eher liegt eine *regula* vor.
- Je weiter der Anwendungsbereich ist, desto eher liegt eine *regula* vor.
- Je unmittelbar einleuchtender die Begründung Marcians ist, desto eher liegt eine *regula* vor.

Dies soll anhand der Exegesen erfolgen. Zunächst werden im Folgenden grössere zusammenhängende Abschnitte untersucht, die bestimmte gemeinsame Merkmale aufweisen, die im Verlauf der Arbeit näher charakterisiert werden. Daran schliesst sich im Rahmen einer Synthese ein Rückbezug auf die Gattungsfrage und die werkgeschichtliche Einordnung der *libri regularum* an.

Erster Teil: Fragmente in der Wenn-dann-Struktur

In den folgenden Erläuterungen werden Stellen aus Marcians *libri regularum* untersucht, die eine Wenn-dann-Struktur aufweisen. Es handelt sich um Konditionalsätze, in denen die Bedingungen, unter denen einen Norm angewendet wird, eingeschränkt werden.[97] Insgesamt beginnen 20 Stellen[98] in Marcians *libri regularum* mit dem einleitenden *si*. Weitere 25 Stellen[99] enthalten die Wenn-dann-Struktur im Fragment selbst, d.h. das Fragment beginnt nicht mit einem *si*. Diese Wenn-dann-Sätze werden nachfolgend als Bedingung bezeichnet. Zu prüfen ist, wie Marcian mit diesen Bedingungen umgeht, wie er sie begründet und inwiefern er ihnen einen Regelstatus gibt. Vor allem ist zu prüfen, ob Marcian mit Hilfe einer einleitenden Wenn-dann-Struktur – damit sind Fälle gemeint, in denen das Fragment mit *si* beginnt – weitgehende, allgemeine Regeln aufstellt.

1. Die Kommorienz als Regelbildung

Im Folgenden werden zwei Digestenstellen aus Marcians *libri regularum* untersucht, die Fälle einer Kommorienz zum Gegenstand haben. Der Begriff Kommorienz wird dabei entweder auf das festgestellte oder vorausgesetzte gleichzeitige Versterben bezogen oder auf den Fall, in dem aufgrund der Ungewissheit über den Sachverhalt sich das Überleben des einen oder des anderen nicht beweisen lässt.

Marcianus libro secundo regularum (Pal. 231), D. 36.1.35

Si eius, qui novissimus ex filiis mortuus est, partem hereditatis propinquo voluit pater restitui et simul fratres diem suum obissent: propinquum, si non ostenderit quis novissimus obisset, ad partem hereditatis non admitti, sed matrem ex Tertulliano senatus consulto ad utriusque hereditatem admitti constat.

---

97 Höfler/Bünzli, S. 14.

98 D. 4.3.36, D. 4.8.51, D. 4.8.52, D. 8.2.35, D. 8.5.19, D. 12.4.13, D. 18.1.44, D. 19.5.25, D. 21.1.52, D. 28.2.32, D. 30.119, D. 30.121, D. 36.1.35, D. 37.4.15, D. 37.5.20pr.–1, D. 39.6.26, D. 40.5.53pr.–1, D. 41.2.43pr.–2, D. 46.1.23, D. 46.3.46.

99 D. 1.7.33, D. 12.3.5, D. 12.6.40, D. 15.1.40, D. 18.1.45, D. 22.1.32, D. 23.2.58, D. 23.3.52, D. 25.2.25, D. 26.5.10, D. 26.8.15, D. 27.1.27, D. 28.5.52, D. 29.2.55, D. 29.7.7, D. 33.4.5, D. 34.5.15, D. 34.5.16, D. 34.5.18, D. 40.2.14, D. 40.4.26, D. 40.5.55, D. 46.3.44, D. 46.3.47, D 48.13.6.

Wenn der Vater gewollt hat, dass der Erbanteil desjenigen seiner Söhne, der zuletzt gestorben ist, an einen Verwandten herausgegeben werden solle, und die Brüder zugleich ums Leben gekommen sind, so wird der Verwandte, wenn er nicht nachweisen kann, wer zuletzt gestorben ist, zum Erbanteil nicht zugelassen, sondern bekanntermassen vielmehr die Mutter nach dem Tertullianischen Senatsbeschluss zu der Erbschaft beider (Söhne).[100]

Dieses Fragment enthält die Rechtsfrage nach der rechtlichen Stellung eines Verwandten, dem ein Fideikommiss zugedacht wurde, der aber nicht beweisen kann, wer als Zweitsterbender verpflichtet ist, das Fideikommiss herauszugeben.

Laut dem Sachverhalt errichtet der Vater ein Testament mit einem Erbschaftsfideikommiss. Das Vorliegen eines Fideikommisses wird angenommen, da der Vater damit eine Nacherbfolge regeln konnte, die im römischen Recht nur durch diese Konstruktion möglich war.[101] Dieses Erbschaftsfideikommiss verpflichtet die Erben des Sohnes, der als Zweiter verstirbt, dessen Erbanteil an einen Verwandten herauszugeben. Wenn nun die Söhne zugleich sterben und der Verwandte nicht nachweisen kann, wer später verstorben ist, ist ein Anspruch auf das Fideikommiss nicht entstanden. Dessen Erbanteil erhält vielmehr die Mutter.

Dem oder den Erben desjenigen, der nachweislich später stirbt, wird auferlegt, die Erbschaft als Fideikommiss einem Dritten herauszugeben. Aufgrund des *fideicommissum hereditatis* ist der Erbe verpflichtet, dem Dritten die Erbschaft zu restituieren, ihm also die Erbschaftsgegenstände herauszugeben und die Erbschaft zu übertragen. Der Dritte wird damit aber nicht zum Erben. Um seine Stellung gleichwohl der eines Erben anzunähern, bedarf es noch des Abschlusses von Stipulationen (*stipulationes emptae et venditae hereditatis*).[102]

100 Die Übersetzungen entstammen dem mehrbändigen Werk der neuen deutschen Übersetzung zum Corpus iuris civilis: BEHRENDS/KNÜTEL/KUPISCH/SEILER (Hrsg.), Corpus Iuris Civilis. Text und Übersetzung, Bd. 2: Digesten 1–10, Heidelberg 1995; BEHRENDS/KNÜTEL/KUPISCH/SEILER (Hrsg.), Corpus Iuris Civilis. Text und Übersetzung, Bd. 3: Digesten 11–20, Heidelberg 1999; BEHRENDS/KNÜTEL/KUPISCH/SEILER (Hrsg.), Corpus Iuris Civilis. Text und Übersetzung, Bd. 4: Digesten 21–27, Heidelberg 2005; KNÜTEL/KUPISCH/RÜFNER/SEILER (Hrsg.), Corpus Iuris Civilis. Text und Übersetzung, Bd. 5: Digesten 28–34, Heidelberg 2012; für die Übersetzungen ab Digesten 34 entstammen die Übersetzungen aus: OTTO/SCHILLING/SINTENIS (Hrsg.), Das Corpus Iuris Civilis ins Deutsche übersetzt, Bd. 3: Digesten 28.1–38.17, Leipzig 1831; OTTO/SCHILLING/SINTENIS (Hrsg.), Das Corpus Iuris Civilis ins Deutsche übersetzt, Bd. 4: Digesten 39.1–50.1, Leipzig 1832.

101 Vgl. KASER, Das Römische Privatrecht, S. 671.

102 Vgl. BABUSIAUX, Wege zur Rechtsgeschichte, S. 280.

Ein Fideikommiss wirkt obligatorisch und gibt dem Bedachten eine Klage auf ein *incertum*, die nach ähnlich freien Grundsätzen beurteilt wird wie bei den *bonae fidei iudicia*. Sie wird im Verfahren der ausserordentlichen Gerichtsbarkeit geltend gemacht und vereinzelt als *actio ex fideicommisso* oder *actio fideicommissi* bezeichnet.[103]

Um an seinen Erbanteil zu gelangen, musste vermutlich der Verwandte im vorliegenden Fall eine *actio ex fideicommisso* geltend machen. Die Gegenpartei konnte dagegen die rechtshindernde Einwendung der Kommorienz erheben. Der Prätor hatte zwei Möglichkeiten: Er liess die *actio* zu und es kam zu einer *litis contestatio*. Der Prätor konnte aber auch eine offenkundige Kommorienz, d.h. den Sachverhalt des gleichzeitigen Todes als unwiderlegbar erkennen und die *actio* von vornherein verweigern (*denegatio actionis*).

Wurde die *actio* gewährt, musste der Verwandte nachweisen können, wer als Zweiter verstorben war. Ihn trifft die Beweislast, er musste gegenüber der Vermutung der Kommorienz den Beweis des Gegenteils antreten.[104] Diesen konnte er durch einen allfälligen Zeugenbeweis – etwa durch überlebende Zeugen eines Schiffbruches – erbringen. Im vorliegenden Fall war offenbar dieser Beweis nicht möglich, sodass die Rechtsfolgen der Kommorienz eintraten und das Fideikommiss somit nicht geschuldet war.[105]

Der Tertullianische Senatsbeschluss (unter Hadrian) gewährt ein Erbrecht der Mutter, die das *ius liberorum* hat.[106] Die Mutter erbt hinter den *sui*, dem Vater und den vatersblütigen Brüdern, sie teilt die Erbschaft mit den vatersblütigen Schwestern und geht allen übrigen Agnaten vor.[107] Ob die Söhne des Erblassers selbst Erben hinterlassen, geht aus dem Fragment nicht hervor und ist aufgrund der nicht widerlegten Kommorienz irrelevant. Mangels zu berufender Erben der Söhne wird die Mutter direkt zur Erbschaft berufen.

Eine andere Vermutung stellt das klassische römische Recht für den Fall der Kommorienz von Aszendenten und Deszendenten auf. Dies belegen:

Tryphoninus libri disputationum, D. 34.5.9.1

Cum bello pater cum filio persset materque filii quasi postea mortui bona vindicaret, adgnati vero patris, quasi filius ante perisset, divus Hadrianus credidit patrem prius mortuum.

---

103 Kaser, Das Römische Privatrecht, S. 759.

104 Lambertini, La problematica della commorienza, S. 31–37; Masi Doria, Index 16 (1988), S. 413.

105 Hamza, RIDROM, Octubre 2008, S. 65.

106 Kaser, Das Römische Privatrecht, S. 702.

107 Kaser, Das Römische Privatrecht, S. 702.

In dem Fall, dass Vater und Sohn im Krieg gefallen waren und die Mutter den Nachlass des Sohnes beanspruchte, weil er später gestorben sei, die Seitenverwandten im Mannesstamm hingegen den Nachlass des Vaters, weil der Sohn zuerst gestorben sei, nahm der vergöttlichte Kaiser Hadrian an, der Vater sei zuerst gestorben.[108]

Tryphoninus libri disputationum, D. 34.5.9.4

Si Lucius Titius cum filio pubere, quem solum testamento scriptum heredem habebat, perierit, intellegitur supervixisse filius patri et ex testamento heres fuisse, et filii hereditas successoribus eius defertur, nisi contrarium approbetur. quod si impubes cum patre filius perierit, creditur pater supervixisse, nisi et hic contrarium approbetur.

Kommt Lucius Titius gemeinsam mit seinem mündigen Sohn ums Leben, den er in seinem Testament als Alleinerben eingesetzt hatte, so wird angenommen, dass der Sohn seinen Vater überlebt hat und nach dem Testament Erbe geworden ist, und die Erbschaft des Sohnes fällt dessen Rechtsnachfolgern an, sofern nicht das Gegenteil bewiesen wird. Wenn aber ein unmündiger Sohn gemeinsam mit seinem Vater ums Leben kommt, geht man davon aus, dass der Vater länger gelebt hat, sofern nicht auch in diesem Fall das Gegenteil bewiesen wird.[109]

Iavolenus libri ex Cassio, D. 34.5.22

Cum pubere filio mater naufragio periit: cum explorari non possit, uter prior exstinctus sit, humanius est credere filium diutius vixisse.

Eine Mutter kam gemeinsam mit ihrem mündigen Sohn bei einem Schiffbruch ums Leben. Wenn sich nicht feststellen lässt, wer zuerst gestorben ist, entspricht dem natürlichen Empfinden mehr die Annahme, der Sohn habe länger gelebt.[110]

Gaius ad legem Iuliam et Papiam, D. 34.5.23

Si mulier cum filio impubere naufragio periit, priorem filium necatum esse intellegitur.
Wenn eine Frau mit ihrem unmündigen Sohn bei einem Schiffbruch umgekommen ist, wird angenommen, dass der Sohn als erster zu Tode kam.[111]

Diese Digestenstellen[112] belegen eine Überlebensvermutung zu Gunsten der mündigen Kinder gegenüber den Eltern sowie der Eltern gegenüber den unmündigen Kindern. Gemeinsames Kriterium aller dieser Stellen ist das gemeinsame Versterben von Vater oder Mutter mit seinem bzw. ihrem Kind. Diese Überlebensvermutungen gelten freilich nur bei gleichzeitigem Versterben von Aszendenten und Deszendenten.

Im Ausgangsfall von Marcian ging es jedoch um Brüder. Der Jurist lässt, falls ein Überlebensbeweis zu Gunsten einer Person nicht er bringbar ist, den

---

108 Für die Übersetzung vgl. Fn. 99.
109 Für die Übersetzung vgl. Fn. 99.
110 Für die Übersetzung vgl. Fn. 99.
111 Für die Übersetzung vgl. Fn. 99.
112 Vgl. dazu Signorini, D. 34.5 „De rebus dubiis", S. 181 ff.

Anspruch auf das Fideikommiss nicht entstehen. Marcian versteht somit die Kommorientenvermutung als eine Regel (*regula*), welche greift, wenn es sich nicht um das gleichzeitige Versterben von Aszendenten und Deszendenten handelt. Anders als in dieser Konstellation, bei der eine Überlebensvermutung gilt, entsteht im marcianischen Fall mit den zwei Brüdern bei einem gemeinsamen Tod kein Anspruch zwischen den beiden Brüdern und keine Verpflichtung, das Fideikommiss herauszugeben. Die Kommorienz verhindert eine Erbfolge zwischen den gleichzeitig verstorbenen Brüdern und lässt das *Senatusconsultum Tertullianum* zur Anwendung kommen.

Im nächsten untersuchten Fragment des Marcian, das in Lenels Palingenesie unmittelbar folgt, geht es ebenfalls um einen Fall der Kommorienz.

> *Marcianus libro secundo regularum (Pal. 232), D. 39.6.26*
>
> *Si qui invicem sibi mortis causa donaverunt pariter decesserunt, neutrius heres repetet, quia neuter alteri supervixit. Idem iuris est, si pariter maritus et uxor sibi donaverunt.*
>
> Wenn zwei sich gegenseitig auf den Todesfall beschenkt haben und zugleich gestorben sind, so kann keiner der Erben etwas zurückfordern, weil keiner den andern überlebt hat. Dasselbe ist rechtens, wenn Ehemann und Ehefrau sich wechselseitig Schenkungen gemacht haben.[113]

Der vorliegende Sachverhalt wirft die Frage auf, wie ein Erbe seinen Anteil geltend machen kann, wenn es sich um ein Geschenk auf den Todesfall handelt und Schenker und Beschenkter gleichzeitig verstorben sind. Die Erben können diese Geschenke nicht zurückfordern. Das Gleiche soll auch gelten, wenn sich Mann und Frau beschenkt haben.

Die Schenkung von Todes wegen ist eine Schenkung, deren Vollzug davon abhängig gemacht ist, dass der Beschenkte den Schenkenden überlebt. Die Schenkung geschieht entweder auflösend bedingt, indem der Beschenkte das, was ihm der Schenkende in Todesgefahr zuwendet, sofort erwirbt, der Schenkende aber, wenn er der Gefahr entkommt oder den Beschenkten überlebt, das Zugewandte wegen Verfehlung des angestrebten Zwecks mit der *condictio* (*ob rem dati*) zurückfordern kann, oder sie wird aufschiebend bedingt abgeschlossen, der Rechtserwerb des Beschenkten also bis zum Tod des Schenkenden aufgeschoben, sofern ihn der Beschenkte überlebt.[114]

Aufgrund der Frage nach der Rückforderung durch die Erben ist davon auszugehen, dass es sich um eine Schenkung handelt, die sofort vollzogen und bei

---

113 Für die Übersetzung vgl. Fn. 99.

114 David Rüger, Die *donatio mortis causa* im klassischen römischen Recht, Berlin 2011, S. 31; Kaser/Knütel/Lohsse, S. 437.

Eintritt der Resolutivbedingung hinfällig wurde.[115] Wenn man nicht eruieren kann, wer zuerst verstarb, weil der entsprechende Beweis nicht gelingt[116], konnte die *condictio* jedoch nicht geltend gemacht werden.[117] Wie im vorangehenden Sachverhalt werden auch hier die Voraussetzungen der Klage als nicht gegeben betrachtet, allenfalls wird bereits der Prätor die *condictio* mittels *denegatio* verweigern; wird freilich der Beweis des Überlebens einer Person angeboten, muss der Prozess eröffnet und durch den *iudex* entschieden werden.

Das Fragment behandelt zudem die Schenkung unter Ehegatten, weil dieses Rechtsgeschäft nach Auffassung des klassischen Rechts nichtig ist.[118] Der Schenkende blieb Eigentümer und konnte die Sache vindizieren.[119] Zugelassen wurden aber Schenkungen auf den Fall des Todes, der Scheidung oder sonstigen Eheauflösungen, die erst nach beendeter Ehe wirksam wurden.[120] Da beide Ehegatten gleichzeitig verstarben und kein Beweis des Gegenteils möglich war, konnte von den Erben nichts zurückgefordert werden. Die Schenkung blieb gültig. Dieses Fragment behandelt einen ähnlichen Fall wie in D. 36.1.35 mit der Begründung „weil keiner den andern überlebt hat" und fügt im zweiten Abschnitt noch einen weiteren Anwendungsfall hinzu.

Fazit

In den beiden dargelegten Fällen von Marcian wird die Kommorienz behandelt. In beiden Sachverhalten ist nicht mehr feststellbar, wer vorverstorben ist. Anders als in den Sachverhalten des gleichzeitigen Versterbens von Aszendenten und Deszendenten geht es in den marcianischen Fällen konkret um Brüder als Beispiel für Personen, welche in keinem Abstammungsverhältnis zueinander stehen. Es kann somit folgende Regel festgehalten werden: Liegt der Tod von mindestens zwei Personen vor, welche nicht voneinander abstammen – wie beispielsweise Brüder oder auch andere Personen –, und kann kein Nachweis erbracht werden, wer als Zweiter verstorben ist, liegt ein Kommorienzfall nach Marcians Regel vor, nach

---

115 Vgl. D. 39.6.27, *Marcianus libro quinto regularum.* Marcian erläutert, wie auch eine Schenkung ohne Rückforderungsrecht in gewisser Weise *mortis causa* erfolgen kann. Diese wird aber wie eine gewöhnliche Schenkung unter Lebenden behandelt; vgl. Rüger, S. 40.

116 Lambertini, La problematica della commorienza, S. 31–37; Masi Doria, Index 16 (1988), S. 413.

117 Hamza, RIDROM, Octubre 2008, S. 42–68, S. 57.

118 Kaser, Das Römische Privatrecht, S. 331.

119 Kaser, Das Römische Privatrecht, S. 331 f.

120 Kaser, Das Römische Privatrecht, S. 332.

welcher keine gegenseitigen Ansprüche der beiden Verstorbenen entstehen und entsprechende Verpflichtungen wegfallen (im ersten Sachverhalt wurde das Fideikommiss nicht mehr geschuldet); die übrige Erbfolge – z.B. allfälliger Kinder der Brüder – bleibt aber unberührt. Marcian übernimmt offenbar für die Kommorienz die herrschende Lehre und verdichtet sie zu einer Regel (*regula*). Somit zeigen diese zwei Fragmente die Bildung einer Anwendungsregel: Bei Vorliegen einer Kommorienz – in der es nicht um ein gleichzeitiges Versterben von Aszendenten und Deszendenten geht –, entstehen zwischen den Kommorienten keine erbrechtlichen Ansprüche. Anders gesagt: Wer seinen Anspruch darauf gründet, dass eine Person die andere überlebt hat oder gerade nicht überlebt hat, muss das Überleben bzw. Nichtüberleben beweisen.[121] Marcians Absicht war es vermutlich, die Rechtsnachfolge in Kommorienzfällen, in welchen es sich nicht um Aszendenten und Deszendenten handelte, allfälligen späteren Zweifeln zu entziehen, und erhob daher anerkanntes Recht zu einer *regula* (vgl. D. 50.17.1), d.h. dies ist ein Schritt zu einer gefestigten Dogmatik in einer erbrechtlichen Problemlage.

Anders als im vorangehenden Fragment D. 36.1.35 liegt hier der Satz auf einer hohen Abstraktionsstufe und es gibt keine Verschachtelungen. Das Fragment zeigt indes einen typischen Aufbau mit einer Bedingung, deren Folge und einer Begründung. Thematisch behandelt dieses Fragment wie das vorangehende die Kommorienz. Diese Stelle enthält jedoch nicht so viele Sacherverhaltsmerkmale wie die vorangehende, sondern behandelt im ersten Teil nur die Schenkung von Todes wegen, weshalb ihr die Übertragbarkeit auf andere Fälle eher zuzusprechen ist. Dies wird auch dadurch bestätigt, dass Marcian ein weiteres Beispiel liefert, das in gleicher Weise entschieden wird. Ebenfalls liefert Marcian in diesem Fragment anders als im ersten eine Begründung („weil keiner den andern überlebt hat"), was im vorangehenden Fragment nicht so explizit dargelegt wurde. Nach dem Gesagten leitet hier das *si* eine regelhaftige Aussage ein.

2. Zur Anwendung der *condictio incerti*

Marcianus libro tertio regularum (Pal. 238), D. 8.2.35

Si binarum aedium dominus dixisset eas quas venderet servas fore, sed in traditione non fecisset mentionem servitutis, vel ex vendito agere potest vel incertum condicere, ut servitus imponatur.

Wenn der Eigentümer zweier Hausgrundstücke gesagt hat, dass das Grundstück, das er verkauft, mit einer Dienstbarkeit belastet werden solle, bei der Übereignung aber von

121 Reinhard Zimmermann/Jakob Gleim, Überlebens- oder Kommorientenvermutung bei „gemeinsamer Kalamität", ZRG rom. Abt. 135 (2018), S. 527–581, S. 541.

der Dienstbarkeit nichts erwähnt, kann er mit der Klage aus dem Verkauf oder mit der Kondiktion mit unbestimmtem Gegenstand erreichen, dass die Dienstbarkeit bestellt wird.[122]

Ein Eigentümer will ein Grundstück, das mit einer Dienstbarkeit belastet werden soll, verkaufen. Er unterlässt es aber, bei der formlosen *traditio* die Dienstbarkeit zu erwähnen. Der Verkäufer kann mit der *actio venditi* oder mit der *condictio incerti* erreichen, dass die Dienstbarkeit nachträglich bestellt wird.

Zunächst ist auf die im Fragment enthaltene *traditio* einzugehen. Solazzi begründet seine Interpolationsvermutung damit, dass die Bestellung einer Dienstbarkeit an Grundstücken lediglich entweder durch eine *mancipatio* oder durch eine *in iure cessio* geschehen konnte.[123] Auch die Tatsache, dass die zivilen Übereignungsformen *mancipatio* und *in iure cessio* im Lauf des vierten und fünften Jahrhunderts durch die Verschmelzung von zivilem und honorarischem Recht ausser Übung kamen und Justinian diese in seiner Kompilation durch die Einsetzung von *traditio* ersetzte[124], könnte auf eine Interpolation hindeuten. Allerdings konnte Möller anhand der Analogie zur Ersitzung bei den Servituten in der vorklassischen Lehre aufzeigen, dass es wahrscheinlich auch eine formlose Bestellung von Dienstbarkeiten gab, da ein Rechtsschutz für formlos vereinbarte Dienstbarkeiten gewährt wurde. Möller vermutet somit, dass die als *res mancipi* anerkannten ländlichen Dienstbarkeiten bei formloser Übertragung ebenfalls schon nach prätorischem Recht, insbesondere durch Interdikte, geschützt wurden, und dass für die als *res nec mancipi* definierten städtischen Dienstbarkeiten neben der formellen Begründungsform der *in iure cessio* auch die formlose Bestellung möglich war.[125]

Der Verkäufer eines Grundstücks konnte bei der Grundstücksübereignung eine Dienstbarkeit zugunsten eines anderen Grundstücks, das ihm gehörte,

---

122 Zur Übersetzung vgl. Fn. 103.

123 Vgl. Solazzi, SDHI XVIII (1952), S. 20. Solazzi beschreibt, wie in der *mancipatio* eigentlich der *mancipio accipiens* die Formel „*hunc fundum meum esse aio ex iure Quiritium imposita servitute…*" aussprechen muss. Falls in D. 8.2.35 in Marcians Originaltext eine *mancipatio* beschrieben wurde, wäre dort allerdings der *mancipio dans* derjenige gewesen, der die Formelworte sprach.

124 Leopold Wenger/Wolfgang Kunkel, Römisches Recht: Römisches Privatrecht: Abriss des Römischen Zivilprozessrechts, 3. Aufl., Berlin/Göttingen/Heidelberg 1949, S. 149.

125 Möller, S. 234. Gemäss Finkenauer, Vererblichkeit und Drittwirkungen der Stipulation im klassischen römischen Recht, 2010, S. 333 Fn. 2, ist die Manzipation vermutlich zu Gunsten der Tradition beseitigt worden.

vorbehalten (*deductio servitutis*).[126] Der Verkäufer übertrug das Eigentum in der Regel unter Abzug der Dienstbarkeit, indem er in Gegenwart der Zeugen, noch ehe der Erwerber seine Formel sprach, nähere Angaben über den Gegenstand des Geschäfts machte. Solche Verlautbarungen wurden als *nuncupatio* bezeichnet. Eine ausdrückliche Bestimmung der Zwölftafeln[127] legte diesen *leges dictae* bindende Wirkung bei.[128] Der Veräusserer behielt sich die Dienstbarkeit somit aus eigenem Recht[129] bei der Veräusserung der Sache vor, auf diese Weise erhielt der Erwerber ein mit der Dienstbarkeit belastetes Eigentum (*dominium deducto usufructu*).[130]

Marcian gibt eine materiell-rechtliche Lösung wieder. Die unbelastete Übereignung war, gestützt auf den Kaufvertrag, nicht geschuldet. Marcian gewährte dem Verkäufer zunächst die *actio venditi,* welche als eine *actio bonae fidei* dem Richter aufgrund der guten Treue erlaubte, alle Umstände zu berücksichtigen. Dem Verkäufer wurde zusätzlich auch die Möglichkeit des *incertum condicere ut servitus imponatur* gewährt.[131] Mit der *condictio incerti* konnte der Verkäufer erreichen, dass die Dienstbarkeit nachträglich bestellt wird[132], denn die *condictio incerti* wurde demjenigen gewährt, der irrtümlich mehr geleistet hatte als geschuldet, *in casu* weil von einem vertraglich vereinbarten Deduktionsrecht beim Vollzug einer Manzipation nicht Gebrauch gemacht wurde. Die Digesten enthalten zwei ähnliche Fragmente, in denen ebenfalls zum Zweck der Bestellung einer Dienstbarkeit nach versehentlich unbelasteter Übereignung die *condictio incerti* gewährt wurde:

Pomponius libro 22 ad Sabinum, D. 12.6.22.1

Cum iter excipere deberem, fundum liberum per errorem tradidi: incerti condicam, ut iter mihi concedatur.

---

126 FINKENAUER, Vererblichkeit und Drittwirkungen der Stipulation im klassischen römischen Recht, 2010, S. 333; BURDESE, IURA XXXVI (1985), S. 63; LAMBERTI, S. 66, Fn. 118; vgl. auch VOCI, IURA XXXVIII (1987), S. 86 Fn. 62.

127 Tab. 6.1: *cum nexum faciet mancipiumque, uti lingua nuncupassit, ita ius esto.*

128 HONSELL/ MAYER-MALY/ SELB, S. 103.

129 KASER, Das Römische Privatrecht, S. 451.

130 WIELING, Sachenrecht, S. 672.

131 Vgl. zur Interpretation: STEINER, S. 187; TRAMPEDACH, ZRG rom. Abt. 18 (1897), S. 125; VON MAYR, ZRG rom. Abt. 25 (1904), S. 217 f.; PFLÜGER, ZRG rom. Abt. 18 (1897), S. 80, 85; CANCELLI, S. 40 f.; SOLAZZI, SDHI XVIII (1952), S 222 f.; KASER, Labeo (1976), S. 24, Fn. 73.

132 LAMBERTI, Labeo (1996), S. 78 f.

Obwohl ich mir ein Durchgangsrecht vorbehalten durfte, habe ich das Grundstück irrtümlich unbelastet übereignet. Ich kann die Kondiktion mit unbestimmtem Gegenstand mit dem Ziel geltend machen, dass mir das Durchgangsrecht eingeräumt wird.[133]

Paulus libro quinto ad Sabinum, D. 19.1.8pr.

Si tibi liberum praedium tradidero, cum serviens tradere deberem, etiam condictio incerti competit mihi, ut patiaris eam servitutem, quam debuit, imponi.

Habe ich dir ein unbelastetes Grundstück übereignet, obwohl ich lediglich verpflichtet war, es dir mit einer Dienstbarkeit belastet zu übereignen, dann steht mir auch eine Kondiktion mit unbestimmtem Gegenstand dahin zu, dass du es zulässt, dass die Dienstbarkeit, mit der das Grundstück belastet werden sollte, bestellt wird.[134]

Die *condictio incerti* war in diesen Fällen auf die Bestellung einer Dienstbarkeit und somit auf ein *dare oportere* gerichtet.[135]

Marcian gibt dem Kläger zwei Möglichkeiten: die *actio venditi* und die *condictio incerti*. Es handelt sich somit um eine elektive Klagenkonkurrenz: Dasselbe Klageziel kann mit verschiedenen Klagen erreicht werden.[136] Der Grund besteht darin, dass die Voraussetzungen beider Klagen gegeben sind. Im Kaufvertrag war lediglich die belastete Übereignung des Grundstücks vereinbart. Aufgrund der unbelasteten Übereignung des Grundstücks hatte der Verkäufer die *actio venditi*, da der Verkauf nicht entsprechend der kaufvertraglichen Abrede vollzogen wurde. Die Voraussetzungen der *condictio incerti* waren gegeben, da das Grundstück, insoweit es ohne Abzug der Dienstbarkeit übereignet wurde, zum Teil ohne Rechtsgrund geleistet wurde.[137]

Eine ähnliche Anwendung der *condictio incerti* zeigt sich in einem weiteren Fragment aus den *libri regularum* des Marcian, allerdings gestützt auf einen anderen Sachverhalt[138]:

Marcianus libro tertio regularum (Pal. 240), D. 12.6.40.1

Si pars domus, quae in diem per fideicommissum relicta est, arserit ante diem fideicommissi cedentem et eam heres sua impensa refecerit, deducendam esse impensam ex fideicommisso constat et, si sine deductione domum tradiderit, posse incerti condici, quasi plus debito dederit.

Wenn ein Teil des Hauses, das zu einem bestimmten Termin als Fideikommiss hinterlassen worden ist, vor dem Anfalltermin des Fideikommisses abgebrannt ist und der

133 Für die Übersetzung vgl. Fn. 99.

134 Für die Übersetzung vgl. Fn. 99.

135 Gai. D. 7.1.3pr.; Kaser, Das römische Privatrecht, S. 489.

136 Kaser/Hackl, S. 306.

137 Vgl. für einen weiteren Fall, in dem der Kläger zwischen der *actio venditi* und der *condictio* wählen kann Ulp. D. 19.1.11.6.

138 Vgl. auch nachfolgend in dieser Arbeit die Exegese von D. 12.6.40pr.–2 auf S. 103 ff.

> Erbe es auf eigene Kosten wiederhergestellt hat, steht fest, dass dieser Aufwand vom Fideikommiss abzuziehen ist, und wenn er das Haus ohne Abzug übereignet hat, kann die Kondiktion mit unbestimmtem Gegenstand geltend gemacht werden, weil er mehr als geschuldet geleistet hat.[139]

Marcian schildert hier den Fall, dass ein Teil des Hauses, das als Fidei kommiss hinterlassen worden ist, vor dem Fälligkeitstermin für die Erfüllung des Fideikommisses abgebrannt ist. Der Erbe hat es daraufhin auf eigene Kosten wieder aufgebaut. In diesen Fällen entscheidet Marcian, dass der Erbe die Aufwendungen gegen den Empfänger des Fideikommisses geltend machen kann, wenn er diese Aufwendung bei der Übereignung nicht abgezogen hatte. Dieser Bestimmung liegt die Tatsache zugrunde, dass die Aufwendungen kondizierbar sind, wenn sie dem Fideikommissar durch die Erfüllung als ein Plus[140] gegenüber dem Geschuldeten zuflossen.[141]

Es handelt sich um einen Fall der Gefahrtragung. Der Erbe musste *in casu* die Gefahr nicht tragen, weil das Haus aufgrund einer *vis maior* abgebrannt war und er den Brand somit nicht zu vertreten hatte. Worin seine Aufwendungen bestanden, geht aus dem Sachverhalt nicht hervor. Hätte es sich bloss um eine Geldinvestition gehandelt, wäre die *condictio incerti* nicht zur Anwendung gelangt. Somit muss davon ausgegangen werden, dass der Erbe keine *pecunia certa* oder *res certa* für den Wiederaufbau geleistet hat, sondern Leistungen wie etwa Tagwerke (*operae*) von Freigelassenen oder Sklaven, welche später vom Richter geschätzt werden mussten. Es handelt sich somit um eine *condictio incerti*, die auf ein *dare* ausgerichtet war. Ferner muss beachtet werden, dass die Aufwendungen des Erben den Wert des Hauses steigern konnten. Der Erbe konnte jedoch gemäss Sachverhalt nur die Aufwendungen geltend machen und nicht die Differenz des Wertes. Die *condictio* diente nämlich zur Rückforderung seiner Entreicherung.

Fazit

Gemäss Lenel enthielt das prätorische Edikt keine Musterformel der *condictio incerti*.[142] Diese hat sich langsam und allmählich aus der *condictio certi* entwickelt. Es handelt sich aber schliesslich um eine Schöpfung der Jurisprudenz.[143] Es

---

139 Für die Übersetzung vgl. Fn. 99.

140 *quasi plus debito solverit.*

141 Müller-Ehlen, S. 408, und Burdese, IURA XXXVI (1985), S. 63, sprechen in diesem Fall von einer *condictio impensarum*.

142 Lenel, Edictum perpetuum, S. 156.

143 Lenel, Edictum perpetuum, S. 158.

liegen – wie notiert – drei Zeugnisse dafür vor, dass seit Pomponius die *condictio incerti* Anwendung fand, was Paulus und schliesslich Marcian bestätigen.

Marcian wollte wohl mit seinem Fragment D. 8.2.35 in seinen *libri regularum* sicherstellen, dass die *condictio incerti* auf den Bereicherungsausgleich durch ein *dare* angewendet werden konnte. Dabei handelt es sich um einen generellen Geltungsbereich mit wiederholbaren Anwendungsmöglichkeiten. Marcian sah darin eine Regel, will sagen einen dogmatischen Grundsatz. Wenn in D. 8.2.35 eine Begründung fehlt, liefert Marcian in D. 12.6.40.1 die einleuchtende Begründung „*quasi plus debito dederit*".

3. Zwei als zusammengehörig verkaufte Sklaven

Marcianus libro tertio regularum (Pal. 242), D. 18.1.44

Si duos quis servos emerit pariter uno pretio, quorum alter ante venditionem mortuus est, neque in vivo constat emptio.

Wenn jemand zwei Sklaven als Paar zu einem Gesamtpreis gekauft hat, von denen der eine vor dem Verkauf gestorben war, so besteht auch bezüglich des Überlebenden kein Kauf.[144]

In diesem Fall einigten sich der Verkäufer und der Käufer über den Kauf von zwei Sklaven. Zu diesem Zeitpunkt war aber einer der beiden Sklaven schon tot, was aber die beiden Vertragsparteien nicht wussten. In einem solchen Fall ist auch bezüglich des noch lebenden Sklaven der Kauf unwirksam.

Vorliegend wird das pauschal bestimmte Entgelt mit der Wendung *uno pretio* bezeichnet.[145] Hinsichtlich des verstorbenen Sklaven ist der Kauf zweifellos unwirksam, was Marcian aus diesem Grund nicht explizit erwähnt.[146] Die Sklaven wurden als zusammengehörend verkauft. Wenn daher einer der Sklaven nicht mehr lebt, führt dies zum Wegfall des Vertragsgegenstandes „Sklavenpaar", weshalb keine Rechtswirkung eintreten soll.[147]

---

144 Für die Übersetzung vgl. Fn. 99.

145 Jakab, ZRG rom. Abt. 121 (2005), S. 226.

146 Seiler, in: Festschrift für Max Kaser zum 70. Geburtstag, S. 130 f.

147 Vgl. D. 21.2.72: *Cum plures fundi specialiter nominatim uno instrumento emptionis interposito venierint, non utique alter alterius fundus pars videtur esse, sed multi fundi una emptione continentur. Et quemadmodum, si quis complura mancipia uno instrumento emptionis interposito vendiderit, evictionis actio in singula capita mancipiorum spectatur, et sicut aliarum quoque rerum complurium una emptio facta sit, instrumentum quidem emptionis interpositum unum est, evictionem autem tot actiones sunt, quot et species rerum sunt quae emptione comprehensae sunt: ita et in proposito non utique prohibebitur emptor evicto ex his uno fundo venditorem convenire, quod*

Der Vertrag ist ohne den nichtigen Teil nicht mehr durchführbar. Die Vereinbarung des *uno pretio* verhindert die Feststellung der für den verbleibenden Sklaven vorgesehenen Gegenleistung. Daher fehlt es am Erfordernis des *pretium certum*[148], weshalb der Kaufvertrag unwirksam ist.[149] Zudem besteht auch eine objektive Unmöglichkeit, da der Gegenstand – die zwei Sklaven als Gesamtsache – untergegangen ist. Dass die Sklaven eine Gesamtsache bilden, entspricht der stoischen Unterteilung der Sachen, die seit Sabinus von den römischen Juristen übernommen wurde.[150] Dabei wurden drei Kategorien unterschieden: Erstens die einheitlichen Körper (*corpora quae uno spiritu continentur*), zweitens die Körper bestehend aus zusammenhängenden Teilen (*corpora ex cohaerentibus*) und schliesslich die Körper bestehend aus getrennten Teilen (*corpora ex distantibus*).[151] Die zwei Sklaven als eine Gesamtsache sind zu den *corpora ex distantibus* zu zählen. Bereits Aristoteles definiert eine Einheit als eine einzige Sache, auch wenn sie objektiv aus zwei Sachen besteht.[152]

In diesem Fragment ist zwar spezifisch von Sklaven die Rede, jedoch kann die Regel für Gesamtsachen im Allgemeinen gelten, weshalb die Übertragbarkeit und Wiederholbarkeit der Regel auf jeden Fall gegeben ist. Wenn man die Regel dieses Fragments in Bezug auf Gesamtsachen begreift, so kann sie auf beliebige Fälle eines Kaufs übertragen werden. Man kann somit von einem weiten Anwendungsbereich sprechen. Die Regelung kann somit generell auf eine individuell nicht näher bestimmte Anzahl von Personen und abstrakt auf eine konkret nicht

---

una cautione emptionis complures fundos mercatus comprehenderit: wenn mehrere namentlich bestimmte Grundstücke in einer einzigen Kaufurkunde verkauft worden sind, lässt sich in keinem Fall ein Grundstück als Teil des anderen ansehen; vielmehr werden hier mehrere Grundstücke von einem einzigen Kaufvertrag erfasst. Und so wie die Klage wegen Eviktion dann, wenn jemand mehrere Sklaven in einer einzigen Kaufurkunde verkauft hat, hinsichtlich jedes einzelnen Sklaven möglich ist, und so wie dann, wenn ein einziger Kauf über mehrere andere Sachen abgeschlossen, aber nur eine einzige Kaufurkunde aufgesetzt ist, so viele Klagen wegen Eviktion gegeben sind, wie es einzelne vom Kauf erfasste Stücke gibt – ebenso ist auch im vorliegenden Fall der Käufer keinesfalls deshalb gehindert, den Verkäufer nach Eviktion eines der verkauften Grundstücke in Anspruch zu nehmen, weil er beim Kauf mehrere Grundstücke in einer einzige Kaufurkunde zusammengefasst hat; Hellmann, ZRG rom. Abt. 23 (1902), S. 380–428, S. 405.

148 Vgl. Gai 3.140.

149 Seiler, in: Festschrift für Max Kaser zum 70. Geburtstag, S. 130 f.

150 Vgl. Seneca, Ep. 102.6; Pomp. D. 41.3.30pr.

151 Daubermann, S. 19; Colish, S. 341; Grosso, Corso di diritto romano, S. 86.

152 Aristoteles, Metaph. 5.9, 1018a, 7 ff.

näher bestimmte Anzahl von Lebenssachverhalten Anwendung finden.[153] Zwar umfasst das Fragment keine Begründung, indes liefert es eine intakte Darstellung einer Bedingung mit ihrer Folge. Das einleitende *si* ist vorliegend gemäss dem Kriterienkatalog als Einleitung für eine allgemeine Regel aufzufassen.

4. Von besonderen Ersitzungsmöglichkeiten

Marcianus libro tertio regularum (Pal. 254), D. 41.2.43pr.–2

pr. Si quis fundum emerit, cuius particulam sciebat esse alienam, Iulianus ait, si pro diviso sciat alienam esse, posse eum reliquas partes longa possessione capere: sed si pro indiviso licet ignoret quis sit locus, aeque eum capere posse, quod sine ullius damno pars, quae putatur esse vendentis, per longam possessionem ad emptorem transit. 1. Sed et Pomponius scripsit libro quinto variarum lectionum, si sciat vel putet alienum esse usum fructum, bona fide diutina possessione capere posse. 2. Idem, inquit, et si emero rem, quam sciam pignori obligatam.

Wenn jemand ein Landgut gekauft hat, von dem er wusste, dass ein Teil davon einem Andern gehöre, so sagt Julian, könne er, wenn er wisse, dass derselbe dem Andern als abgeteilt gehöre, die übrigen Teile durch langen Besitz erwerben; wenn aber als unabgeteilt, so könne er, wenn er den Ort auch nicht kenne, ebenfalls ersitzen, weil der Teil, der für dem Verkäufer gehörig gehalten wird, ohne jemandes Nachteil durch langen Besitz auf den Käufer übergeht. 1. Auch Pomponius schrieb im fünften Buch seiner vermischten Schriften, dass, wer wisse oder glaube, dass einem Dritten der Niessbrauch zuständig sei, durch langen Besitz in gutem Glauben erwerben könne. 2. Dasselbe sagt er, wenn ich eine Sache gekauft habe, von der ich weiss, dass sie verpfändet ist.[154]

Im *principium* kauft jemand ein Grundstück und weiss dabei, dass ein abgetrennter Teil des Grundstückes nicht dem Verkäufer gehört. Nach Julian kann der restliche Teil des Grundstücks trotzdem ersessen werden. Auch wenn der Käufer weiss, dass ein ideeller Bruchteil des *fundus* nicht dem Verkäufer gehört, wird der Teil des Grundstücks, den der Käufer für Eigentum des Verkäufers hält, nach Julian ersessen. Die Rechte des Dritten bleiben vom Verkauf unberührt. In § 1 zitiert Marcian Pomponius, nach dem ein Käufer, der weiss, dass einem Dritten ein Niessbrauch an der Sache zusteht, das unbelastete Eigentum ersitzen kann. In § 2 zitiert Marcian erneut Pomponius, der die Ersitzung zulässt, obwohl der Käufer gewusst hat, dass die Sache verpfändet worden war.

Die Konstellation im *principium* setzt voraus, dass das Teilstück, das im Eigentum des Verkäufers stand, nicht schon durch Manzipation Eigentum des Käufers wurde. Somit erwarb der Käufer kein quiritisches Eigentum. Des

---

153 HÖFLER, in: Das Legalitätsprinzip in Verwaltungsrecht und Rechtsetzungslehre, S. 149.

154 Für die Übersetzung vgl. Fn. 99.

Weiteren verhinderte das Teileigentum eines Dritten, dass der Käufer das Eigentum an dem gesamten Grundstück ersitzen konnte. Das Eigentum an dem restlichen Grundstück konnte jedoch in einem solchen Fall nach Marcian und Julian ersessen werden.[155] § 1 und § 2 betreffen hingegen beschränkte dingliche Rechte Dritter, welche die Ersitzung des Eigentums nicht verhindern. Sie bleiben als selbständige Rechte gegenüber jedem Eigentümer bestehen.[156] Das *principium* dient als Argument für § 1. Wenn schon die Kenntnis des fremden Eigentums nicht schädlich war und der Rest ersessen werden konnte, dann durfte es die Kenntnis des Niessbrauchs eines Dritten an der verkauften Sache ebenfalls nicht sein.

Das vorliegende Fragment ist sehr komplex[157] und verschachtelt. Marcian erläutert hier Ersitzungsmöglichkeiten in spezifischen Fällen, die sehr konkret geschildert werden, weshalb nicht von einem generellen Geltungsbereich ausgegangen werden kann. Zur Begründung stützt sich Marcian auf Juristenzitate. Insgesamt scheint, dass sich hier Marcian auf Einzelfallkonstellationen beruft, weshalb keine *regula* im Sinne des genannten Kriterienkatalogs vorliegt.

5. Zur *datio in solutum*

Marcianus libro tertio regularum (Pal. 255), D. 46.3.46pr.-2

pr. Si quis aliam rem pro alia volenti solverit et evicta fuerit res, manet pristina obligatio. Etsi pro parte fuerit evicta, tamen pro solido obligatio durat: nam non accepisset re integra creditor, nisi pro solido eius fieret. 1. Sed et si duos fundos verbi gratia pro debito dederit, evicto altero fundo remanet integra obligatio. Tunc ergo res pro re soluta liberationem praestat, cum pro solido facta est suscipientis. 2. Sed et si quis per dolum pluris aestimatum fundum in solutum dederit, non liberatur, nisi id quod deest repleatur.

Wenn jemand (dem Gläubiger) mit dessen Willen eine andere Sache statt der (welche Gegenstand der Verbindlichkeit war) geleistet hat, und die Sache entzogen ist, so bleibt die frühere Verbindlichkeit, und wenn (jene Sache) auch nur zum Teil entzogen ist, so dauert doch die Verbindlichkeit rücksichtlich des Ganzen fort; denn der Gläubiger hätte, solange die andere Sache noch nicht gegeben war, sie nicht angenommen, wenn sie nicht ganz die seinige werden würde. 1. Aber auch wenn (ein Schuldner) z.B. zwei Grundstücke zur Bezahlung der Schuld gegeben haben sollte, so bleibt, wenn das eine Grundstück entzogen worden ist, die ganze Verbindlichkeit bestehen. Dann also

155 Vgl. zum Gebrauch von „*capere*" statt „*usucapere*": Metro, Labeo (1963), S. 300, Fn. 25.

156 Schlichting, S. 56–60.

157 Vgl. zur Redaktion von komplexen Tatbeständen oder Rechtsfolgen im heutigen Recht: Höfler, in: LeGes, Gesetzgebung Evaluation, 23 (3; 2012), S. 313.

gewährt eine für eine andere geleistete Sache Befreiung, wenn sie ganz Eigentum des Empfängers geworden ist. 2. Aber auch wenn jemand aus Arglist ein zu hoch geschätztes Grundstück an Zahlungsstatt gegeben hat, wird er nicht befreit, wenn nicht das, was fehlt, ergänzt wird.[158]

Wenn ein Schuldner dem Gläubiger eine andere Sache leistet als die ursprünglich vereinbarte und die *in solutum* gegebene Sache evinziert wird, bleibt die ursprüngliche Verbindlichkeit bestehen.[159] Auch wenn die Sache nur zum Teil evinziert wird, bleibt die frühere Verbindlichkeit bestehen. Denn der Gläubiger hätte die andere Sache nicht angenommen, da sie nicht die seinige werden konnte. Auch wenn der Schuldner zwei Grundstücke zur Befreiung von seiner Schuld dem Gläubiger gibt und ein Grundstück evinziert wird, bleibt die ganze ursprüngliche Verbindlichkeit bestehen. Wenn ein Schuldner aus Arglist ein zu hoch geschätztes Grundstück zur Befreiung von seiner Pflicht leistet, wird er erst befreit, wenn er den fehlenden Rest ergänzt.

Im *principium* schildert Marcian einen Fall, in dem der Schuldner mit dem Einverständnis des Gläubigers diesem eine andere als die vereinbarte Sache leistet.[160] Diese Sache wird dem Gläubiger nun durch Eviktion eines Dritten entzogen. In diesem Fall gilt: *manet pristina obligatio.*[161] Die *datio in solutum* hat keinerlei Wirkung und es bleibt bei der ursprünglichen Obligation. Dasselbe gilt, wenn die Sache nur zum Teil evinziert wird. In diesem Fall gilt *pro solido*

158 Für die Übersetzung vgl. Fn. 99.

159 Apathy, ZRG rom. Abt. 111 (1994), S. 142 f.

160 Leistet der Schuldner dem Gläubiger etwas anderes als vereinbart (*aliud pro alio*), wird der Schuldner durch die *datio in solutum* nur befreit, wenn der Gläubiger diese als Erfüllung annimmt. In einem solchen Fall geben die Prokulianer dem Schuldner die *exceptio doli*, die Sabinianer befreien den Schuldner *ipso iure*. Vgl. Gai 3.168 und Inst. 3.29pr.

161 Vgl. Paul. D. 46.3.50: *Si, cum aurum tibi promisissem, ignoranti quasi aurum aes solverim, non liberabor: sed nec repetam hoc quasi indebitum solutum, quod sciens feci. Petentem tamen te aurum exceptione summovebo, si non reddas aes quod accepisti:* wenn ich dir, obwohl ich dir Gold versprochen hatte, ohne dein Wissen Erz geleistet habe, so werde ich nicht befreit werden; aber ich werde auch das Erz nicht als Nichtschuld zurückfordern können, da ich das wissentlich getan habe; wenn du aber das Gold forderst, so werde ich dich mit einer Einrede zurückweisen, wenn du nicht das Erz zurückgibst, welches du erhalten hat; nach Solazzi, L'estinzione della obbligazione, S. 167, stütze sich Marcians Aussage auf Gai. 3.168. Dies wird von Musumeci, IURA XX (1969), S. 534, bestritten, da Gaius die prokulianische Wirkung der *datio in solutum* aufzeige, während Marcian die Wirkung der *datio in solutum* im Falle der Entziehung der Sache behandle.

obligatio durat. Der Gläubiger hätte nie eine Sache angenommen, die nicht gänzlich die Seine werden würde.[162] § 1 gibt den Fall einer Eviktion der *res in solutum* wieder. Es handelt sich um zwei Grundstücke, wovon eines evinziert wird. In diesem Fall *remanet integra obligatio.* Die Entscheidung und die Begründung weichen vom *principium* nicht ab. Obwohl es um die *datio in solutum* von zwei Grundstücken geht, werden diese als eine Einheit behandelt[163], sodass die Eviktion eines der beiden Grundstücke zur Wirkungslosigkeit der *datio in solutum* führt und der Schuldner nicht befreit wird. An zentraler Stelle in § 1 findet sich die Formulierung *rem pro re solvere*, die den tatbestandlichen Kern aller Fälle des vorliegenden Fragments ausmacht und gemäss SACCOCCIO belegt, dass die ursprüngliche Schuld nicht finanzieller Natur gewesen sein soll.[164] Dieser Meinung ist nicht zu folgen, da sich die Wendung *rem pro re* auf einen Tatbestand der Leistung an Erfüllungs statt bezieht, die nichts über die Natur der ursprünglichen Verpflichtung (Geldschuld oder andere Schuld) aussagt.[165] In § 2 leistet der Schuldner arglistig ein zu hoch geschätztes Grundstück. Dadurch wird er nicht befreit, es sei denn, er bezahlt den Unterschied zwischen dem wahren

---

162 Vgl. zum Pfandrecht Ulp. D. 13.7.24pr.: *Eleganter apud me quaesitum est, si impetrasset creditor a Caesare, ut pignus possideret idque evictum esset, an habeat contrariam pigneraticiam. Et videtur finita esse pignoris obligatio et a contractu recessum. Immo utilis ex empto accommodata est, quemadmodum si pro soluto ei res data fuerit, ut in quantitatem debiti ei satisfiat vel in quantum eius intersit, et compensationem habere potest creditor, si forte pigneraticia vel ex alia causa cum eo agetur:* man hat mir die scharfsinnige Frage gestellt, ob einem Gläubiger die Pfandgegenklage zusteht, der beim Kaiser erreicht hat, dass er ein Pfand in Eigenbesitz nehmen durfte und dem die Sache dann evinziert worden ist. Und man sieht es so an, dass die Pfandverbindlichkeit erloschen ist und die Parteien vom Pfandvertrag abgegangen sind. Indessen steht dem Gläubiger eine analoge Käuferklage zur Verfügung – wie wenn ihm eine Sache an Erfüllungs Statt gegeben worden wäre – damit er für die Schuldsumme oder für sein übriges Interesse Befriedigung erlangen kann; der Gläubiger kann auch aufrechnen, wenn etwa mit der Pfandklage oder aus irgendeinem anderen Grund gegen ihn geklagt wird; gemäss PERIÑÁN, IURA LII (2001), S. 210, ergeben D. 13.7.24pr. und D. 46.3.46pr. unterschiedliche Lösungen für dasselbe Problem. Dies kann nicht so pauschal angenommen werden, denn in D. 13.7.24pr. wird bei der Hingabe eines Pfandes eine *datio in solutum* fingiert, vgl. SACCOCCIO, S. 212.

163 Vgl. dazu die Interpretation von Marci. D. 18.1.44 in diesem Kapitel.

164 SACCOCCIO, S. 111.

165 S. Ulp. D. 13.5.1.5, wo zunächst 100 geschuldet waren, dann aber Getreide im selben Wert an Erfüllungs statt vereinbart wurde sowie Paul D. 23.3.25, wo zunächst ein Sklave der Schuldgegenstand war, man sich dann aber auf zehn einigte.

Wert des Grundstücks und seiner Schuld.[166] Marcian stellt in diesem Fragment die Regel auf, dass die *datio in solutum* nicht zu einer Befreiung des Schuldners führt, wenn der Gläubiger bei einer Leistung an Erfüllungs statt zu wenig erhält oder die *in solutum* gegebene Sache mit einem Rechtsmangel behaftet ist, der zu einer Eviktion führt.[167] Die ursprüngliche Obligation bleibt bestehen und der Gläubiger kann den Schuldner aus dieser in Anspruch nehmen.[168]

In allen von Marcian skizzierten Beispielen erwächst keine Wirkung aus der *datio in solutum*. Während es im pr. und im § 1 um die Rechtsmängelhaftung geht[169], wird in § 2 der Fall des *dolus malus* erläutert. In § 2 hatte der Gläubiger das Grundstück im Glauben angenommen, dass es einen bestimmten Wert habe, der sich aber als falsch herausstellte. Somit erhielt der Gläubiger weniger als ihm zustand. Zu der Tatsache, dass der Gläubiger materiell nicht bekommen hat, was ihm zustand, muss die Arglist des Schuldners hinzugezählt werden. Aus diesem Grund hat die *datio in solutum* keine Wirkung.[170] Es ist somit das arglistige Handeln, das die *datio in solutum* entkräftet.[171] Marcian schildert vier Fälle und beschreibt, wann aus einer *datio in solutum* keine Wirkung erwächst. Der erste Fall hat eine bestimmte Rechtsfolge. Auch die nächsten drei Fälle, die von dem ersten Fall im Sachverhalt zwar abweichen, haben dieselbe Rechtsfolge. Marcian schildert hier vier Regeln mit dem einleitenden *si*. Dabei geht er von vier verschiedenen Fällen aus, die jedoch alle dieselbe Rechtsfolge haben.

In den vorliegenden Fällen zeigt Marcian drei Fälle eines Kaufs, in denen einmal eine andere Sache geleistet, einmal dem Gläubiger etwas evinziert und einmal zu wenig geleistet wird. Marcian achtet auf eine sehr abstrakte Formulierung der Sachverhaltsmerkmale (Gläubiger, Schuldner, Sache, Grundstück etc.). Die Bedingungen und insbesondere die Folgen sind beispielhaft abstrakt und damit quasi lehrhaftig

---

166 Vgl. Musumeci, IURA XX (1969), S. 527.

167 Vgl. Ders., IURA XX (1969), S. 528.

168 Saccoccio, S. 261; Fargnoli, IURA LVII (2008–2009), S. 437.

169 Nach Saccoccio hat die *datio in solutum* bei der vollständigen Eviktion keine Wirkung, da hierbei keinerlei Übertragung des Eigentums vorausgegangen sein konnte. Hingegen kam es bei einer teilweisen Eviktion oder bei einer falschen Vorstellung hinsichtlich des Wertes des übertragenen Gegenstands zu einer wirksamen Übertragung des Eigentums, jedoch wird die *datio in solutum* aus einem Äquivalenzgedanken verneint: Saccoccio, S. 263–264.

170 Musumeci, IURA XX (1969), S. 530; vgl. Melillo, S. 105, in § 2 wird der Schuldner noch nicht befreit, weil er dolos gehandelt hat und nicht weil der Gläubiger noch nicht materiell vollständig befriedigt ist.

171 Musumeci, IURA XX (1969), S. 531; Solazzi, L'estinzione della obbligazione, S. 167; zu den Interpolationsvermutungen: Saccoccio, S. 262–263.

(*manet pristina obligatio; pro solido obligatio durat; remanet integra obligatio*). Die Satzstruktur, der Aufbau und die Wortwahl sprechen für eine ausgesprochene Generalisierung. Zusätzlich schildert Marcian zu jeder Bedingung eine einleuchtende Begründung. Dies alles führt dazu, dass den Bedingungen im vorliegenden Fragment Regelcharakter im Sinne des Kriterienkatalogs zugeschrieben werden kann.

6. Von den Erklärungen beim Sklavenverkauf

Marcianus libro quarto regularum (Pal. 263), D. 21.1.52

Si furtum domino servus fecerit, non est necesse hoc in venditione servi praedicere nec ex hac causa redhibitio est: sed si dixerit hunc furem non esse, ex illa parte tenebitur, quod dixit promisitve.

Hat ein Sklave seinen Eigentümer bestohlen, so ist es nicht erforderlich, dass der Eigentümer dies beim Verkauf des Sklaven anzeigt; und es gibt aus diesem Grunde auch keine Wandlung. Wenn er aber erklärt hat, der betreffende Sklave sei kein Dieb, muss er gemäss dem Ediktsabschnitt „was er erklärt und versprochen hat" haften.[172]

Wenn jemand einen Sklaven verkauft, ist er nicht verpflichtet, dem Käufer zu sagen, dass der Sklave ihn einst bestohlen hat. Das ist auch kein Grund zur Wandelung, das heisst, dem Käufer wird keine *redhibitio* gewährt.[173] Wenn der Verkäufer jedoch erklärt, dass der Sklave kein Dieb sei, haftet er gemäss dem Ediktsabschnitt *quod dixit promisitve*. Eine vergleichbare Regelbildung findet sich auch bei Ulpian und Gaius.[174] Marcian stellt hier die Regel auf, dass dem

172 Für die Übersetzung vgl. Fn. 99.

173 Thomas, Labeo (1971), S. 25.

174 Vgl. D. 21.1.1.1, Ulpianus libro primo ad edictum aedilium curulium: *Aiunt aediles: „Qui mancipia vendunt certiores faciant emptores, quid morbi vitiive cuique sit, quis fugitivus errove sit noxave solutus non sit: eademque omnia, cum ea mancipia venibunt, palam recte pronuntianto. Quodsi mancipium adversus ea venisset, sive adversus quod dictum promissumve fuerit cum veniret, fuisset, quod eius praestari oportere dicetur: emptori omnibusque ad quos ea res pertinet iudicium dabimus, ut id mancipium redhibeatur. Si quid autem post venditionem traditionemque deterius emptoris opera familiae procuratorisve eius factum erit, sive quid ex eo post venditionem natum adquisitum fuerit, et si quid aliud in venditione ei accesserit, sive quid ex ea re fructus pervenerit ad emptorem, ut ea omnia restituat. Item si quas accessiones ipse praestiterit, ut recipiat. Item si quod mancipium capitalem fraudem admiserit, mortis consciendae sibi causa quid fecerit, inve harenam depugnandi causa ad bestias intromissus fuerit, ea omnia in venditione pronuntianto: ex his enim causis iudicium dabimus. Hoc amplius si quis adversus ea sciens dolo malo vendidisse dicetur, iudicium dabimus"*: die Ädilen sagen: „Diejenigen, die Sklaven verkaufen, müssen die Käufer darüber aufklären,

was jeder Sklave an Krankheiten oder Mängeln hat, wer zur Flucht neigt oder ein Herumtreiber ist oder von einer Schadenstat nicht befreit ist. Und sie müssen all dies, wenn solche Sklaven zum Verkauf kommen, öffentlich und wahrheitsgemäss anzeigen. Ist aber ein Sklave entgegen diesen Be-stimmungen verkauft worden oder entgegen dem, was beim Verkauf erklärt oder versprochen worden war, sofern zu sagen ist, dass nach Zivilrecht dafür eingestanden werden muss, werden wir dem Käufer und allen, die diese Angelegenheit betrifft, eine Klage darauf gewähren, dass dieser Sklave zurückgegeben wird. Wenn aber der Sklave nach Verkauf und Übergabe durch eine Handlung des Käufers, seiner Sklaven und Gewaltunterworfenen oder seines Verwalters verschlechtert worden ist oder wenn nach dem Verkauf ein Sklavenkind geboren oder etwas durch den Sklaven erworben wurde und wenn beim Verkauf etwas anderes als Nebensache zum Sklaven hinzugekommen ist oder wenn der Käufer aus dieser Sache etwas an Früchten erlangt hat, muss der Käufer all dies ersetzen und herausgeben. Ferner muss der Käufer seinerseits erstattet bekommen, wenn er etwas zusätzlich zum Kaufpreis geleistet hat. Wenn ferner der Sklave ein Kapitalverbrechen begangen oder etwas unternommen hat, um sich zu töten, oder wenn er zum Tierkampf in die Arena geschickt worden ist – all dies müssen die Verkäufer beim Verkauf anzeigen. Denn in all diesen Fällen werden wir eine Klage gewähren. Darüber hinaus werden wir eine Klage gewähren, wenn vorgetragen wird, jemand habe entgegeben diesen Bestimmungen wissentlich und arglistig verkauft"; D. 21.1.18pr., Gaius libro primo ad edictum aedilium curulium: *Si quid venditor de mancipio adfirmaverit idque non ita esse emptor queratur, aut redhibitorio aut aestimatorio (id est quanti minoris) iudicio agere potest: verbi gratia si constantem aut laboriosum aut curracem vigilacem esse, aut ex frugalitate sua peculium adquirentem adfirmaverit, et is ex diverso levis protervus desidiosus somniculosus piger tardus comesor inveniatur. Haec omnia videntur eo pertinere, ne id quod adfirmaverit venditor amare ab eo exigatur, sed cum quodam temperamento, ut si forte constantem esse adfirmaverit, non exacta gravitas et constantia quasi a philosopho desideretur, et si laboriosum et vigilacem adfirmaverit esse, non continuus labor per dies noctesque ab eo exigatur, sed haec omnia ex bono et aequo modice desiderentur. Idem et in ceteris quae venditor adfirmaverit intellegemus:* wenn ein Verkäufer hinsichtlich des Sklaven etwas versichert hat und der Käufer sich beklagt, es treffe nicht zu, kann der Käufer entweder mit der Wandlungsklage oder mit der Minderungsklage vorgehen. Zum Beispiel wenn der Verkäufer versichert hat, der Sklave sei charakterfest, fleissig, flink oder wachsam oder er erwerbe sich durch seine Sparsamkeit ein Sondergut, während der Sklave sich als leichtsinnig, frech, träge, schläfrig, faul, langsam und gefrässig erweist. Dies alles wird aber dahin verstanden, dass das, was der Verkäufer versichert hat, nicht wortwörtlich von ihm verlangt wird, sondern mit Massen, so dass man etwa dann, wenn der Verkäufer versichert hat, der Sklave sei charakterfest, nicht beispielhafte Charakterstärke und vollkommene Gelassenheit wie von einem Philosophen erwarten kann. Und wenn er versichert hat, der Sklave sei fleissig und wachsam, kann vom Sklaven nicht verlangt werden, Tag und Nacht ohne Pause zu arbeiten. Vielmehr kann man all das nur nach Recht und Billigkeit und in Massen verlangen. In der gleichen Weise müssen wir auch verstehen, was der Verkäufer sonst noch versichert.

Käufer eines Sklaven eine Klage gewährt wird, wenn der Sklave die bei dem Verkauf zugesicherten Eigenschaften nicht hat, damit der Sklave zurückgegeben werden kann und der Käufer den gezahlten Kaufpreis erstattet bekommt. Es handelt sich um die *actio redhibitoria* als Wandelungsklage.[175]

Während gewisse Informationen gemäss dem Edikt der Ädilen von vornherein zu offenbaren sind, muss der Verkäufer dafür einstehen, wenn er darüber hinaus weitere Zusicherungen abgibt.[176] Die Verkäufer haften somit für öffentlich gemachte Geschäftsbedingungen.[177] Diese Stelle enthält zwei Fälle. Der zweite Fall weicht vom ersten ab und hat eine andere Rechtsfolge, die durch ein Juristenzitat des Julian argumentativ verstärkt wird.

Ob in diesem Fragment eine durch *si* eingeleitete Regel bejaht werden kann, ist fraglich. Das Fragment behandelt zwei Kaufsituationen mit dem Verkauf von Sklaven. Die Situationen sind jedoch zu spefizisch, als dass sie auf andere Kaufsituationen (ohne Sklaven) übertragen werden könnten. So geht es um spezifische Eigenschaften der Sklaven und um die Offenbarung oder Verheimlichung dieser Informationen. Auch wenn die Struktur des Fragments sehr abstrakt gehalten ist, kann die Übertragbarkeit und Wiederholbarkeit auf andere beliebige Fälle – obwohl die Sklavengeschäfte nicht gering und diese für die Beteiligten bedeutsam waren – nur für solche Fälle, die ebenfalls den Verkauf von Sklaven betreffen, bejaht werden. Zuletzt kann festgehalten werden, dass Marcian keine Begründung liefert. Aus diesen Gründen ist nach Anwendung des Kriterienkatalogs in diesem Fragment keine Regel anzunehmen.

7. Die Sachgewährleistung als Regelbildung

Marcianus libro quarto regularum (Pal. 264), D. 18.1.45

Labeo libro posteriorum scribit, si vestimenta interpola quis pro novis emerit, Trebatio placere ita emptori praestandum quod interest, si ignorans interpola emerit. Quam sententiam et Pomponius probat, in qua et Iulianus est, qui ait, si quidem ignorabat venditor, ipsius rei nomine teneri, si sciebat, etiam damni quod ex eo contingit: quemadmodum si vas aurichalcum pro auro vendidisset ignorans, tenetur, ut aurum quod vendidit praestet.

Labeo schreibt in einem Buch seiner nachgelassenen Schriften, wenn jemand gebrauchte Kleidung als neue gekauft hat, sei Trebatius der Meinung, dem Käufer sei das Interesse zu ersetzen, falls er die gebrauchte Kleidung unwissentlich gekauft hat. Diese Ansicht

175 Vgl. Donadio, S. 147–148, 172–173; Burdese, IURA LVI (2006–2007), S. 247.

176 Vgl. Cic. off. 3.23, 3.51 ff., 3.71.

177 Jakab, Praedicere und cavere, S. 132.

billigt auch Pomponius, und sie wird von Julian ebenfalls vertreten, welcher sagt, wenn der Verkäufer es nicht wusste, hafte er nur wegen des Wertes der Sache selbst – wenn er es wusste, auch für den Schaden, der daraus entstanden ist –, wie zum Beispiel jemand, der unwissentlich ein Gefäss aus Messing als golden verkauft hat, auf den Wert des Goldes haftet, das er verkauft hat.[178]

Als Einstieg dient Labeos Schrift, die Trebatius' Meinung wiedergibt, welche besagt, dass dem Käufer, der gebrauchte Kleidung als neue gekauft habe, das Interesse zu ersetzen sei, falls der Käufer nicht gewusst habe, dass die Kleidung alt gewesen sei. Sodann verweist Marcian auf Pomponius und Julian, welche diese Meinung billigten. Julian präzisiere weiter, dass der Verkäufer auf zwei Arten hafte: nur für den Wert der Sache selbst, wenn er den Mangel nicht gekannt habe; wenn er um den Mangel gewusst habe, dann auch für den Schaden, der daraus entstanden sei. Zuletzt führt Marcian das Beispiel an, dass der Verkäufer unwissentlich ein Gefäss aus Messing als goldenes verkauft habe. Der Verkäufer hafte auf den Wert des Goldes, das er verkauft habe.

Die Regel in diesem Fragment lautet *si vestimenta interpola quis pro novis emerit emptori praestandum quod interest, si ignorans interpola emerit*. Der erste Fall betrifft einen Käufer, der neue Kleidung kaufen wollte und stattdessen gebrauchte[179] gekauft hat. Es handelt sich um einen *error in qualitate*. Nach Trebatius konnte der Käufer, wenn er den Mangel bei Vertragsschluss nicht gekannt hatte, gegen den Verkäufer eine *actio empti* erheben. Die *actio empti* zielte auf eine Minderung ab, da der Käufer, wenn er den wahren Sachverhalt gekannt hätte, weniger für die Kleidung zu bezahlen bereit gewesen wäre.[180] Der

178 Für die Übersetzung vgl. Fn. 99.

179 Zu *vestimenta interpola* vgl. Isidorus, Etym. 19.23: *Interpola vestis illa vocatur quae dum sit vetus ad novam speciem recuratur.*

180 Vgl. auch Ulp. D. 19.1.13pr.: *Iulianus libro quinto decimo inter eum, qui sciens quid aut ignorans vendidit, differentiam facit in condemnatione ex empto: ait enim, qui pecus morbosum aut tignum vitiosum vendidit, si quidem ignorans fecit, id tantum ex empto actione praestaturum, quanto minoris essem empturus, si id ita esse scissem: si vero sciens reticuit et emptorem decepit, omnia detrimenta, quae ex ea emptione emptor traxerit, praestaturum ei: sive igitur aedes vitio tigni corruerunt, aedium aestimationem, sive pecora contagione morbosi pecoris perierunt, quod interfuit idonea venisse erit praestandum*; Julian macht im 15. Buch seiner Digesten zwischen dem, der eine Sache in Kenntnis und dem, der sie in Unkenntnis ihres Mangels verkauft hat, einen Unterschied bei der Verurteilung aus Kauf. Er sagt nämlich, dass derjenige, der ein krankes Stück Vieh oder einen mangelhaften Balken verkauft hat, dann, wenn er dies in Unkenntnis des Mangels getan hat, aufgrund der Klage aus Kauf lediglich das leisten müsse, um wieviel weniger ich gekauft hätte, wenn ich die Beschaffenheit der Sache gekannt hätte, wenn er jedoch

Verkäufer musste bei Vorsatz, das heisst bei Kenntnis, dass die Kleidung alt war, das *quod interest* ersetzen.

Julian unterscheidet weiter, ob der Verkäufer arglistig gehandelt hat oder den Mangel beim Verkauf selbst nicht kannte. Wenn der Verkäufer über den Mangel Bescheid wusste, zielte die *actio empti* nicht nur auf das *quod interest* (das heisst auf die Erstattung des Minderwerts der Sache selbst) ab, sondern auch auf den Ersatz verursachter Folgeschäden (*etiam damni quod ex eo contingit*). Wenn er hingegen unwissentlich gehandelt hatte, so haftete der Verkäufer nur auf den

---

den Mangel wissentlich verschwiegen und den Käufer getäuscht hat, dann müsse er dem Käufer für allen Schaden einstehen, den dieser auf diesem Kauf erleidet. Stürzt daher das Haus aufgrund des Mangels des Balkens ein, so ist für den Schätzwert des Hauses einzustehen; geht Vieh infolge von Ansteckung durch das kranke Stück Vieh ein, so ist für das Interesse des Käufers daran einzustehen, dass dies nicht geschehen wäre; Iul. D. 19.1.22: *Si in qualitate fundi venditor mentitus sit, non in modo eius, tamen tenetur emptori: pone enim dixisse eum quinquaginta iugera esse vineae et quinquaginta prati et in prato plus inveniri, esse tamen omnia centum iugera:* wenn der Verkäufer hinsichtlich der Qualität des Grundstücks die Unwahrheit gesagt hat, hinsichtlich der Grösse nicht, haftet er dem Kläufer gleichwohl. Nimm nur den Fall, der Verkäufer habe erklärt, dass fünfzig Morgen Weinberge und fünfzig Morgen Weideland vorhanden seien, und sich nun mehr Weideland findet, obwohl insgesamt hundert Morgen vorhanden sind; Ulp. D. 18.1.9.2: *Inde quaeritur, si in ipso corpore non erratur, sed in substantia error sit, ut puta si acetum pro vino veneat, aes pro auro vel plumbum pro argento vel quid aliud argento simile, an emptio et venditio sit. Marcellus scripsit libro sexto digestorum emptionem esse et venditionem, quia in corpus consensum est, etsi in materia sit erratum. Ego in vino quidem consentio, quia eadem prope ousia est, si modo vinum acuit: ceterum si vinum non acuit, sed ab initio acetum fuit, ut embamma, aliud pro alio venisse videtur. In ceteris autem nullam esse venditionem puto, quotiens in materia erratur:* im Anschluss daran wird gefragt, ob ein Kauf anzunehmen ist, wenn über den Gegenstand selbst nicht geirrt wird, jedoch ein Irrtum über die Substanz vorliegt, so zum Beispiel, wenn Essig als Wein verkauft wird, Kupfer als Gold, Blei oder etwas anderes Silberähnliches als Silber. Marcellus schreibt im 6. Buch seiner Digesten, es liege ein Kauf vor, weil Konsens über den Gegenstand besteht, auch wenn man sich über den Stoff geirrt habe. Bezüglich des Weines stimme ich zu, weil es fast derselbe Stoff, ousia, ist, wenn der Wein sauer geworden ist – andernfalls, wenn der Wein nicht sauer geworden ist, sondern wenn es von Anfang an Essig war, wie im Fall von Essigtunke, so ist anzunehmen, dass eine andere Sache verkauft worden ist als die, über die man sich geeinigt hatte; in den anderen Fällen meine ich, dass kein Kauf vorliegt, sofern man sich über den Stoff geirrt hat; *Cicero, de officiis 3.92.*

Minderwert der Sache selbst (*ipsius rei nomine*), was aus dem Prinzip der *bona fides* bei der *actio empti* folgt.[181]

Am Ende zieht Marcian noch ein Beispiel als Vergleichsfall heran. In diesem Beispiel hat ein Verkäufer unwissentlich ein Gefäss aus Messing als goldenes verkauft, was einen *error in substantia*[182] bedeutet. Es handelt sich um einen Irrtum in der Spezies, über welche verfügt wird oder um eine nicht bestehende Eigenschaft, z.B. einen falschen Stoff.[183] Der Verkäufer hafte für den Wert des Goldes, das er verkauft habe, und nicht nur für den Wert des Messings.

Es ist unklar, ob dieses letzte *exemplum* von Marcian selbst oder von Julian stammt. Für Marcian als Urheber spricht die Tatsache, dass sich das Beispiel nicht auf die zuletzt genannte Aussage von Julian bezieht, also auf den arglistigen Verkäufer, sondern auf die vorletzte, die den unwissenden Verkäufer betrifft.[184] Mit *tenetur* gibt Marcian eine allgemeine Meinung wieder, die er auch billigt.

Die untersuchte Stelle besteht mehrheitlich aus Zitaten. Die Fortentwicklung zeigt sich darin, dass bei Trebatius nur die Frage zählt, ob der Käufer über den Mangel Bescheid wusste oder nicht, wohingegen Julian auch berücksichtigt, ob der Verkäufer arglistig gehandelt hat. Marcian und Labeo sprechen zwar spezifisch von Kleidern, jedoch geht aus dem Fragment selbst hervor, dass die Regel auch allgemein auf andere Objekte ausgeweitet werden kann. Der Anwendungsbereich ist somit sehr weit und bezieht sich auf das ganze Kaufrecht. Marcian zeigt dies selbst mit dem Beispiel des Gefässes. Eine Regel ist in diesem Fragment eindeutig zu bejahen.

---

181 Vgl. zur Interpretation: Medicus, Id quod interest, S. 131 ff.; Watson, S. 59; Honsell, Quod interest, S. 93 ff., der die Stelle für interpoliert hält; Tafaro, Index 2 (1971), S. 366; Flume, ZRG rom. Abt. 54 (1934), S. 330 ff.; Krückmann, ZRG rom. Abt. 63 (1943), S. 31; Henle, ZRG rom. Abt. 58 (1938), S. 184; Zilletti, S. 60 ff.; De Falco, S. 125 f.; Stein, Fault in the formation of contract, S. 44 ff.; Voci, IURA XIV, 1963, S. 235; Apathy, ZRG rom. Abt. 111 (1994), S. 98 ff.; Schermaier, ZRG rom. Abt. 115 (1998), S. 239 ff.; zu den Interpolationsvermutungen: Haymann, S. 126 ff.; Wolf, 159 f.; Vacca, IURA XLV (1994), S. 63, Fn. 52; Behrends, Institut und Prinzip, S. 30 f.; Procchi, S. 68 f.

182 Labruna, Labeo (1962), S. 135; vgl. Ulp. D. 18.1.9.2; Ulp. D. 18.1.14; Jul. D. 18.1.41.1; Paul. D. 19.1.21.2; Paul. D. 45.1.22.

183 Fargnoli, Philip Lotmar, Bd. 2, S. 920.

184 Vgl. Zilletti, S. 84.

8. Der Verweis auf das Kaiserrecht

Marcianus libro quarto regularum (Pal. 265), D. 23.2.58

A divo Pio rescriptum est, si libertina senatorem deceperit quasi ingenua et ei nupta est, ad exemplum praetoris edicti dandam in eam actionem, quia ex dote nullum lucrum habet quae nulla est.

Von dem vergöttlichten Kaiser Antoninus Pius ist auf Anfrage entschieden worden: Wenn eine Freigelassene einem Senator vorgetäuscht hat, sie sei Freigeborene, und sich mit ihm verheiratet hat, muss gegen sie eine Klage nach dem Muster des prätorischen Edikts gegeben werden, weil er von einer Mitgift, die nicht wirksam ist, keinen Vorteil hat.[185]

Der die Erörterung auslösende Fall betrifft eine Freigelassene, die vorgetäuscht hat, Freigeborene zu sein und einen Senator geheiratet hat. Der Senator kann gegen sie eine Klage nach dem Muster des prätorischen Edikts erheben, weil die Bestellung der Mitgift unwirksam war.

Die geschilderte Ehe verstiess gegen die *Lex Iulia de maritandis ordinibus* und war zunächst nur unerlaubt, nicht aber ungültig. Erst unter Mark Aurel und Commodus wurden solche Ehen als ungültig betrachtet.[186] Die Bestellung der *dos* hatte somit ab diesem Zeitpunkt nicht die üblichen Rechtswirkungen, da diese die Gültigkeit der Ehe zur Voraussetzung hatte.[187] Der Ehemann erhält keine gültige *dos* und erleidet damit einen Vermögensschaden.[188]

Es bleibt zu klären, um welche Klage es sich bei der *ad exemplum praetoris edicti* handelt. Die Freigelassene handelte arglistig, als sie vorgab, Freigeborene zu sein. Somit liegt es nahe, dass es sich bei der Klage um eine *actio ad exemplum actionis de dolo* handeln kann.[189]

Dies ist jedoch nicht die einzige Möglichkeit. Aus der ungültigen *dos*-Bestellung steht dem Ehegatten keine ordentliche Klage aus dem *dos*-Versprechen zu. Somit könnte ihm eine *actio ad exemplum* gewährt werden, vielleicht eine *actio ficticia* mit der Fiktion der Gültigkeit der *dos*-Bestellung.[190]

Reskripte ergingen lediglich *inter partes*, da sie nur für den Einzelfall bestimmt waren.[191] Die Bindungswirkung für den vom Reskript betroffenen Fall war

---

185 Für die Übersetzung vgl. Fn. 99.

186 Vgl. D. 23.2.16pr., D. 23.1.16; Wesener, ZRG rom. Abt. 75 (1958), S. 235.

187 Kübler, ZRG rom. Abt. 39 (1918), S. 174.

188 Ob sie an den Fiskus fällt, ähnlich wie die Erbschaft bei Erwerbsunfähigkeit des Erben, ist fraglich; Wesener, ZRG rom. Abt. 75 (1958), S. 236.

189 Wesener, ZRG rom. Abt. 75 (1958), S. 236.

190 Ders., ZRG rom. Abt. 75 (1958), S. 236 f.

191 Kaser, Das Römische Privatrecht, S. 208.

zweifelsfrei; die allgemeine Zuordnung eines Reskripts zu *lex* oder *exemplum* ist jedoch ungeklärt.[192] Die Art der Geltung für künftige Fälle könnte in der Prinzipatszeit eine ähnliche Wirkung gehabt haben wie die *exempla*.[193] Eine Abweichung davon wurde zwar missbilligt, aber ein *exemplum* liess das Setzen neuer *exempla* zu.[194]

Marcians *libri regularum* enthalten Konstitutionen zurückgehend bis zu Antoninus Pius, der auch am meisten zitiert wird (D. 22.1.32pr.; D. 23.2.58; D. 34.9.3; D. 40.4.26; D. 34.5.16pr). Weiter sind Konstitutionen von Mark Aurel und Verus (D. 40.4.26), von Mark Aurel alleine (D. 28.5.52pr.), von Septimius Severus und Caracalla (D. 47.11.4; D. 48.4.5.1; D. 48.13.6) und schliesslich von Caracalla alleine (D. 48.4.5.2; D. 44.3.9) enthalten.[195]

Der Verweis auf das Kaiserrecht ist als *argumentum ab auctoritate* die Berufung auf die Tatsache, dass eine bestimmte These oder Behauptung durch eine Entscheidung oder Entscheidungen des Kaisers unterstützt wird.[196]

Die kaiserlichen Entscheidungen werden in Marcians *libri regularum* nur in einer verallgemeinernden Form referiert. Es handelt sich um Entscheidungen zu Einzelfällen, die für künftige ähnliche Fälle eine faktische Bindung haben konnten.[197] Durch *si* wird also in D. 23.2.58 ein Sachverhalt eingeleitet und keine Regel. Das Kaiserreskript weist auf den Einzelfallcharakter der Entscheidung hin. Eine Regel im Sinne des Kriterienkatalogs liegt hier nicht vor.

9. Zur Rechnungslegung des testamentarisch freigelassenen Sklavens

Marcianus libro primo regularum (Pal. 219), D. 30.119

Si servus vetitus est a testatore rationes reddere, non hoc consequitur, ut ne quod apud eum sit reddat et lucri faciat, sed ne scrupulosa inquisitio fiat, hoc est ut neglegentiae ratio non habeatur, sed tantum fraudium. Ideo et manumisso non videtur peculium legari per hoc, quod vetitus est rationes reddere.

---

192 Nörr, Zur Reskriptenpraxis in der hohen Prinzipatszeit, S. 40; vgl. Gai. 1.5; Ulp. D. 1.4.1.1.

193 Nörr, Zur Reskriptenpraxis in der hohen Prinzipatszeit, S. 41.

194 Nörr, Zur Reskriptenpraxis in der hohen Prinzipatszeit, S. 39.

195 Für eine gute Übersicht zu den Kaiserzitaten in allen Werken Marcians: Liebs, ZRG rom. Abt. 128 (2011), S. 74–81.

196 Horn, in: Festschrift für Franz Wieacker zum 70. Geburtstag, S. 264.

197 Schmidlin, Die römischen Rechtsregeln, S. 142; Nörr, Zur Reskriptenpraxis in der hohen Prinzipatszeit, S. 38.

> Wurde einem Sklaven vom Erblasser die Rechnungslegung verboten, so folgt daraus nicht, dass er nicht herauszugeben braucht, was sich bei ihm befindet, und sich daran bereichert, sondern nur, dass keine allzu genaue Nachforschung erfolgen soll, das heisst, dass Fahrlässigkeit nicht berücksichtigt wird, sondern nur Betrügereien. Und deshalb ist nicht anzunehmen, dem freigelassenen Sklaven werde das Sondergut dadurch vermacht, dass ihm verboten ist, Rechnung zu legen.[198]

Vorliegend beschreibt Marcian eine Prämisse mit einer negativen Folge. Marcian formuliert eine *regula* für den Fall, dass der Erblasser bei der Freilassung keine Rechnungslegung verlangt. Das bedeutet dann aber nicht, so Marcian, dass der Sklave das *peculium* behalten darf, sondern nur, dass er bei der Herausgabe des *peculium* nur für die vorsätzliche, nicht aber für die fahrlässige Nichtherausgabe von Teilen des *peculium* haftet.

Das *peculium* war vom übrigen Vermögen getrennt, das der Sklave verwaltete. Eine genaue Überprüfung der Rechnungsführung lag im Interesse eines *pater familias*, da Fälle von Unterschlagung und Veruntreuung vorkommen konnten.[199] Der *dominus* konnte jedoch auch auf eine solche Überprüfung verzichten. Marcian wollte in seinem Fragment festhalten, dass ein solcher Verzicht im Falle einer testamentarischen Freilassung eines Sklaven nicht dazu führte, dass der Sklave das *peculium* behalten durfte. Dies hatte bereits Scaevola in D. 33.8.23.2–3 auf eine Anfrage hin beschrieben.[200]

---

198 Für die Übersetzung vgl. Fn. 99.

199 Stepan, S. 73 mit Hinweis auf Ulp. D. 9.2.23.4, Marci. D. 30.119 und Scaev. D. 40.5.41.11.

200 Scaev. D. 33.8.23.2–3: *2. Servis libertates legataque dederat et condicionem ita scripserat: „ὅσους κατέλιπον ἐλευθέρους καὶ τὰ ληγάτα αὐτοῖς, τούτους βούλομαι εἶναι ανεξετάστους". quaesitum est, an peculia quoque legata his videbuntur. respondit secundum ea quae proponerentur non videri legata. 3. Item quaesitum est, an ex isdem verbis reliqua rationum quasi legata retinere possint, aut si res dominicas apud se habuerint, aut, si qui eorum coloni praediorum fuerunt, pensiones. respondit supra responsum :* 2. Jemand hatte seinen Sklaven die Freiheit gegeben, ihnen Vermächtnisse ausgesetzt und folgende Bestimmung hinzugefügt: „Ich will, dass diejenigen, die ich freigelassen und denen ich Vermächtnisse erteilt habe, unüberprüft bleiben". Es wurde angefragt, ob anzunehmen sei, dass jeweils auch das Sondergut vermacht ist. Scaevola hat entschieden, gemäss dem, was vorgetragen werde, sei es nicht als vermacht anzusehen. 3. Weiter wurde gefragt, ob die Freigelassenen aufgrund der genannten Klausel in den Abrechnungen ausgewiesene Rückstände des Vermächtnisses behalten könnten oder Sachen des Eigentümers, wenn sie solche bei sich hatten, oder Pachtgelder, sofern unter ihnen Pächter von Land des Eigentümers waren. Scaevola hat das Gutachten erteilt wie oben.

Das Fragment D. 30.119 bezieht sich auf eine bestimmte Personengruppe, nämlich Sklaven. Es kann auch angenommen werden, dass der Anwendungsbereich dieser *regula* weit war, da das *peculium* für den Geschäftsalltag von grosser Bedeutung war, was sich auch daran zeigt, dass sich das 15. Buch der Digesten ausschliesslich mit diesem Thema beschäftigt und im 40. Buch die Rechnungslegung eines freizulassenden Sklaven behandelt wird.[201] Zwar enthält das Fragment keine Begründung, aber aufgrund des generellen Geltungsbereichs und der Wiederholbarkeit der *regula* kann diesem Fragment Regelcharakter im Sinne des Kriterienkatalogs zugeschrieben werden, wobei die *regula* vornehmlich im zweiten Teil des Fragments zu finden ist. Der erste Satz bereitet die *regula* durch Schilderung des Falles vor.

10. Über die Freiheit der geborenen Kinder von Sklavinnen

Marcianus libro quarto regularum (Pal. 268), D. 40.5.53pr.-1

pr. Si quis rogatus ancillam manumittere moram fecerit, si interea enixa fuerit, constitutum est huiusmodi partum liberum nasci et quidem ingenuum. Sed sunt constitutiones, quibus cavetur statim ex quo libertas deberi coeperit ingenuum nasci: et hoc magis est sine dubio sequendum, quatenus libertas non privata, sed publica res est, ut ultro debet offerre debeat. 1. Sed si nondum debita libertate fideicommissa ancilla peperit, studio tamen heredis fuerit effectum, ut nondum libertas deberetur, veluti quod tardius adit hereditatem, ut qui nati sint ex ancilla servi eius fiant, placet manumittendos, sed tradi matri oportere, ut ab ea manumitterentur et liberti potius matris fiant: nam quos indignus est heres servos habere, ne quidem libertos habebit.

Wenn jemand, der gebeten worden ist, eine Sklavin freizulassen, in Verzug geraten ist, und unterdessen die Sklavin ein Kind geboren hat, so ist angeordnet worden, dass ein solches Kind frei geboren werde, und zwar als ein Freigeborenes. Aber es sind Konstitutionen vorhanden, die dafür sorgen, dass das Kind als Freigeborenes zur Welt kommt, sofort nachdem die Freiheit beginnt fällig zu werden. Das ist ohne Zweifel mehr zu befolgen, weil die Freiheit keine Privat-, sondern eine öffentliche Angelegenheit ist, sodass der, welcher sie gewähren muss, sie von selbst darbringen muss. 1. Wenn aber die Sklavin niedergekommen ist, als ihr die fideikommissarische Freiheit noch nicht gebührte, es jedoch durch die Bemühung des Erben bewirkt worden ist, dass sie noch keinen Anspruch auf ihre Freiheit hat, z.B. weil er die Erbschaft später angetreten hat, damit die, welche von der Sklavin geboren sind, seine Sklaven würden, so nimmt man an, dass sie freizulassen seien, aber der Mutter übergeben werden müssten, damit sie von derselben freigelassen, und vielmehr Freigelassene der Mutter würden; denn wenn

201 Koch, S. 188.

der Erbe unwürdig ist, sie als Sklaven zu haben, so wird er sie nicht einmal als Freigelassene haben.[202]

Die zu untersuchende Stelle wirft die Frage auf, wie über die Freiheit eines von einer Sklavin geborenen Kindes zu entscheiden ist, wenn der Erbe, der die Sklavin freilassen muss, in Verzug geraten ist. Dabei bezieht sich das *principium* auf zwei verschiedene Zeitpunkte. Der erste Zeitpunkt wird durch *interea* festgehalten: Der Erbe ist mit der Freilassung der Sklavin im Verzug. Nachdem der Verzug eingetreten ist, kommt die Sklavin nieder. In solchen Fällen wird das Kind frei geboren, und der Erbe hat somit keine Patronatsrechte. Der zweite Zeitpunkt wird durch *statim* zum Ausdruck gebracht. In diesem Fall wird das Kind im Moment des Verzugseintritts geboren. Auch hier wird das Kind frei geboren (ohne Patronatsrechte des Erben). Die Begründung liegt in der Einordnung der Freiheit als einer öffentlichen und nicht einer privaten Angelegenheit.[203]

Die in § 1 betrachtete Variante schildert einen Erben, der seine Rechte derart ausübt, dass die Freilassung vereitelt wird. Er tritt sein Erbe nicht an, das heisst, er übt sein ihm zustehendes Recht nicht rechtzeitig aus, um die Freilassung zu verzögern. Wenn die Sklavin in der Zeit zwischen dem Tod des Erblassers und dem Antritt der Erbschaft niederkommt, so sind die Kinder freizulassen. Jedoch soll nicht der Erbe ihr Freilasser werden, sondern sie sind der Mutter zu übergeben, damit diese ihre Kinder freilassen kann.[204] Marcian stützt sich dabei auf das

---

202 Für die Übersetzung vgl. Fn. 99.

203 Zur Interpretation der Stelle vgl. Voci, Diritto ereditario romano II, S. 426 f.; Silla, S. 96 Fn. 40; Impallomeni, Le manomissioni mortis causa, S. 114, Fn. 186.

204 Zur Übertragung an die Mutter vgl. D. 40.5.26.1 Ulpianus libro quinto fideicommissorum: *Apparet igitur subventum fideicommissis libertatibus, ut in re mora facta esse his videatur et ex die quidem, quo libertas peti potuit, matri traderentur manumittendi causa, ex die vero, quo petita est, ingenui nascantur. Plerumque enim per ignaviam vel per timiditatem eorum, quibus relinquitur libertas fideicommissa, vel ignorantiam iuris sui vel per auctoritatem et dignitatem eorum, a quibus relicta est, vel serius petitur vel in totum non petitur fideicommissa libertas: quae res obesse libertati non debet. Quod igitur defendimus, ita determinandum est, ut ingenui quidem exinde nascantur, ex quo mora libertati facta est, manumitti autem partum dici debeat, ex quo peti libertas potuit, quamvis non sit petita. Certe minoribus viginti quinque annis et in hoc tribuendum est auxilium, ut videatur in re mora esse: nam qua ratione decretum et a divo Severo constitutum est in re moram esse circa pecuniaria fideicommissa, quae minoribus relicta sunt, multo magis debet etiam in libertatibus hoc idem admitti:* Es zeigt sich also, dass man den fideikommisarischen Freiheiten zu Hilfe gekommen ist, so dass bei ihnen der Verzug von selbst enstanden ist. Von dem Tage an, an welchem die Freiheit hätte gefordert werden können, werden die von einer Sklavin, welcher die fideikommissarische Freiheit erteilt wurde, geborenen Kinder nun der Mutter

Kaiserrecht[205], welches ursprünglich nicht bestehende Rechtsfolgen zur Begünstigung der Freilassung (*favor libertatis*) des Kindes festgesetzt hatte.[206]

Die in § 1 dargelegten Rechtsfolgen waren im römischen Recht zunächst nicht vorgesehen. Marcian verweist hier auf ein rechtspolitisches Element zugunsten der Freiheit. Dieses Element bezieht sich auf die Tatsache, dass die Patronatsrechte an den Kindern in einem solchen Fall nicht dem Erben zustehen sollen, sondern der Mutter. Der Erbe soll sie nicht haben, weil er arglistig gehandelt hat. Die Mutter konnte sich als fideikommissarisch Begünstigte im Verfahren *extra ordinem* an den *praetor fideicommissarius* richten, um die Erfüllung der fideikommisarischen Verpflichtung einzuklagen. Wenn der Erbe rechtzeitig erfüllt hätte, wäre das Kind frei geboren worden. Der *praetor fideicommissarius* stellt im Verfahren die Fiktion auf, dass das Kind von einer bereits befreiten Mutter zur Welt gebracht worden ist.

Der Erbe trat die Erbschaft später an, weil er arglistig beabsichtigte, Eigentümer der Kinder der Sklavin zu werden. Daher soll der Prätor das Kind der Mutter übergeben, um dies zu vereiteln, was eine Bestrafung des Erben bedeutet. Im Moment der Geburt befindet sich das Kind aus rechtlicher Sicht im Eigentum

---

übergeben, um sie freizulassen; von dem Tage an, an welchem die Freiheit gefordert worden ist, werden sie als Freigeborene geboren. Denn gewöhnlich wird infolge der Nachlässigkeit oder der Schüchternheit derer, welchen die fideikommissarische Freiheit hinterlassen wurde, oder infolge des Ansehens und der Würde derer, welchen sie auferlegt wurde, die fideikommissarische Freiheit entweder später gefordert oder ganz und gar nicht gefordert; und dieser Umstand darf der Freiheit nicht schaden. Das also, was wir behaupten, ist so zu bestimmen, dass die Kinder von Sklaven von der Zeit an als Freigeborene geboren werden, seit welcher bei der Freiheitserteilung ein Verzug stattgefunden hat; dass aber von der Zeit an das Kind freigelassen werden müsse, seit welcher die Freiheit hätte gefordert werden können, obwohl sie nicht gefordert wurde. Doch ist denen, welche jünger als 25 Jahre sind, auch in dieser Hinsicht Hilfe zu erteilen, sodass der Verzug von selbst stattgefunden zu haben scheint; denn auf diese Weise, welche entschieden und vom göttlichen Severus verordnet wurde, dass in Betreff der Fideikommisse in Geldwert, welche Minderjährigen hinterlassen wurden, der Verzug von selbst vorhanden sei, muss noch vielmehr auch bei Freiheiten eben dies zugelassen werden.

205 Allgemein zum *favor libertatis* des Sklaven durch Kaiserrecht: FINKENAUER, Die Rechtsetzung Mark Aurels zur Sklaverei, Mainz/Stuttgart 2010; SILLA, S. 79–93.

206 Vgl. FINKENAUER, Die Rechtsetzung Mark Aurels zur Sklaverei, S. 26–34; vgl. D. 38.16.1.1 mit der gleichen Fallkonstellation und der gleichen Regelung wie in D. 40.5.26.1 und D. 40.5.53pr. Auch nach Ulp. D. 40.5.26.3,4 muss der *dominus* das während eines fünfjährigen Verzuges bis zur fideikommisarischen Freilassung geborene Kind der freigelassenen Mutter übereignen, damit diese ihr Kind freilassen kann.

des Erben. Demnach muss dieser als *dominus* das Kind der Mutter übergeben (*tradere*). Es wäre nämlich unwürdig (*indignus est*), wenn ein Kind, welches er bei rechtzeitiger Freilassung der Mutter nicht als Sklave erworben hätte, nun sein Freigelassener würde. Die Arglist des Erben soll dem Kind nicht schaden. Diese Sicht ist wahrscheinlich eng mit der Geschichte und der Entstehung des Fideikommisses verbunden, welches sich ursprünglich aus einer rein sittlichen Verpflichtung entwickelte. Zudem spielt vorliegend auch der Gedanke des *favor libertatis* eine zentrale Rolle.

Lenel schliesst in seiner Palingenesie die folgende Stelle an, die auch Klarheit über die vorangehende schafft:

Marcianus libro quarto regularum (Pal. 268), D. 40.5.55pr.-1

pr. Sed et si non data opera tardius adierit, sed dum de adeunda hereditate deliberat, idem dictum est. Et si postea cognovit se heredem institutum, quam ancilla peperit, placet hoc quoque casu subveniendum esse: hoc tamen casu ipse manumittere debebit, non matri tradere. 1. Sed si directo libertas data fuerit ancillae et horum aliquid evenerit, quemadmodum natis subvenietur? Nam ibi quidem petitur fideicommissa libertas et praetor parvulis subvenit: cum vero directo libertas datur, non petitur. Sed etiam hoc casu puto nato subveniendum esse, ut aditus praetor in rem matri decernat actionem exemplo fideicommissariae libertatis. Sic denique et Marcellus libro sexto decimo digestorum scripsit et ante aditam hereditatem usucaptis, qui testamento manumissi sunt, subveniendum esse, ut eis libertas conservetur utique per praetorem, quamvis his et imputari possit, quare usucapti sunt: in parvulis autem nulla deprehenditur culpa.

Auch wenn der Erbe das Erbe nicht absichtlich später angetreten hat, sondern während er sich den Antritt der Erbschaft überlegt, die Sklavin ein Kind geboren hat, ist dasselbe gesagt worden. Auch wenn er erst nachher, nachdem die Sklavin geboren hat, erfahren hat, dass er zum Erben eingesetzt wurde, so nimmt man an, dass man dem Kind auch in diesem Falle zu Hilfe kommen müsse; in diesem Falle wird er jedoch das Kind selbst freilassen, nicht der Mutter übergeben müssen. 1. Aber wenn einer Sklavin die Freiheit unmittelbar erteilt worden und etwas der Art eingetreten ist, wie wird man den von ihr geborenen Kindern zur Hilfe kommen? Denn in jenen Fällen, wo die fidekommissarische Freiheit gefordert werden kann, kann der Prätor den kleinen Kindern zur Hilfe kommen; wenn aber die Freiheit unmittelbar erteilt wird, so kann sie nicht gefordert werden. Aber ich glaube, dass auch in diesem Falle dem von einer solchen Sklavin geborenen Kind geholfen werden muss, sodass der Prätor, auf vorheriges Ansuchen, der Mutter nach Massgabe der fidekommissarischen Freiheit eine Vindikation in libertatem erteile. So hat denn auch Marcellus im sechzehnten Buch der Digesten geschrieben, dass auch den vor angetretener Erbschaft ersessenen Sklaven, welche in dem Testament freigelassen worden sind, schlechterdings durch den Prätor geholfen werden müsse, damit ihnen die Freiheit erhalten werde, obwohl auch diesen selbst Schuld gegeben werden könne, dass sie ersessen worden sind; bei kleinen Kindern aber lässt sich kein Verschulden ermitteln.[207]

Diese Stelle knüpft an die vorangehende an und wurde von Lenel in seiner Palingenesie dementsprechend angefügt. Das *principium* spricht davon, dass dasselbe gelten soll, auch wenn der Erbe nicht absichtlich die Erbschaft später antritt und somit nicht absichtlich in Verzug gerät. Es handelt sich um eine Fortführung und Abwandlung der früheren Konstellation in D. 40.5.53.1. Die Folge davon ist, dass die Kinder der Mutter übergeben werden, damit diese sie freilassen kann. Wenn aber der Erbe erst nach der Geburt des Kindes erfahren hat, dass er als Erbe eingesetzt wurde, dann darf er selbst das Kind freilassen, und er hält die Patronatsrechte. § 1 behandelt die unmittelbare Freilassung einer Sklavin in einem Testament (*manumissio directa*). Bei der unmittelbaren Freilassung kann die prätorische Hilfe eigentlich nicht gefordert werden. Aber Marcian ist der Auffassung, dass auch in diesen Fällen der Prätor helfen kann[208] und der Mutter eine *actio in rem exemplo fideicommissariae libertatis* geben soll.[209] Er weitet somit die für die fideikommissarische Freilassung[210] gefundene Lösung (D. 46.5.53.1) auf die *manumissio directa* aus (*exemplo fideicommissariae libertatis*). Für das Verfahren ist der Prätor (für Fideikommisse) mit der *cognitio extra ordinem* zuständig. Des Weiteren zitiert Marcian den Hochklassiker Marcellus. Nach dessen

207 Für die Übersetzung vgl. Fn. 99.

208 Vgl. Ulp. D. 25.6.1.11: *Libertati plane subveniendum erit adversus eum, qui propter hereditatem hac actione egit, scilicet ut fideicommissarias cogatur is praestare, qui pretium utique etiam eorum consequitur: sed et directis credo praetorem succurrere oportere, ut interventu suo tueatur eorum libertatem:* die Freiheit muss man freilich gegenüber demjenigen durchsetzen, der wegen der Erbschaft mit dieser Klage vorgeht, das heisst, dass derjenige, der jedenfalls auch den Wert dieser Sklaven erlangt hat, die fideikommissarischen Freilassungen zu gewähren gezwungen wird. Aber ich glaube, dass der Prätor auch den unmittelbar angeordneten Freilassungen zu Hilfe kommen muss, so dass er durch sein Eingreifen die Freiheit dieser Person sichert; auch in diesem Fragment wird der Prätor beigezogen zugunsten des Testaments. Vgl. Balestri Fumagalli, S. 145.

209 Impallomeni, Le manomissioni mortis causa, S. 40–42, 51, 118, 228, 253; De Dominicis, IURA XV (1964), S. 255; Balestri Fumagalli, S. 145; Impallomeni, IURA XXXVI (1985), S. 148; Wolodkiewicz, Index 39 (2011), S. 217–221; Cannata, IURA LVII (2008–2009), S. 301; Wlassak, ZRG rom. Abt. 28 (1907), S. 95; Lotmar, ZRG rom. Abt. 33 (1912), S. 353; Voci, Diritto ereditario romano II, S. 426 f.; Silla, S. 96 Fn. 40, S. 144 Fn. 16; Herrmann-Otto, S. 25 f.

210 Vgl. zur fideikommisarischen Freilassung Knütel, in: Sklaverei und Freilassung im römischen Recht, S. 131–151.

Auffassung soll dasselbe gelten, wenn Sklaven vor Antritt der Erbschaft ersessen wurden.[211] Der Prätor spricht sich in solchen Situationen sogar bei Selbstverschulden zugunsten der Freiheit aus.

---

211 Vgl. C.J. 7.2.13: *Imperatores Diocletianus, Maximianus. Statuliberis datam libertatem adimi ab herede non posse certum est: nec alienatio nec usucapio statulibero, quominus existente condicione libertatem consequatur, nocere potest. DIOCL. ET MAXIM. AA. ET CC. MARTIALI*: es steht fest, dass den Bedingtfreien die ihnen erteilte Freiheit vom Erben nicht genommen werden könne; auch kann dem Bedingtfreien eine Veräusserung so wenig wie die Ersitzung insofern schaden, dass er, sobald die Bedingung eingetreten ist, nicht die Freiheit erlangen würde; D. 40.5.24.21: *Quotiens autem fideicommissaria libertas relinquitur efficaciter, in ea causa est, ut neque alienatione neque usucapione extingui possit: ad quemcumque enim pervenerit is servus, cui fideicommissa libertas relicta est, cogi eum manumittere: et ita est saepissime constitutum. Cogetur igitur is, ad quem servus pervenerit, fideicommissam libertatem praestare si hoc maluit is qui rogatus est: latius enim acceptum est, ut et si sub condicione fuit ei libertas relicta et pendente condicione alienatus sit, attamen cum sua causa alienetur. Quod si nolit ab eo manumitti, sed potius ab eo velit ad libertatem perduci, qui erat rogatus eum manumittere, audiri eum oportere divus Hadrianus et divus Pius rescripserunt. Quin immo et si iam manumissus est, velit tamen potius eius libertus fieri, qui erat rogatus eum manumittere, audiendum eum divus Pius rescripsit. Sed et si ex persona manumissoris vel ex quacumque causa manumissus ostendere potest ius suum laedi manumissione vel etiam laesum, succurri ei ex his constitutionibus oportet, ne contra voluntatem defuncti durior eius condicio constituatur. Plane si ea sit defuncti voluntas, ut vel a quocumque manumitti voluerit, dicendum est constitutiones supra scriptas cessare:* so oft aber die fideikommissarische Freiheit wirksam hinterlassen wird, so geschieht dies aus dem Grund, dass sie weder durch Veräusserung, noch durch Ersitzung erlöschen kann; denn an wen auch immer der Sklave, welchem die fideikommissarische Freiheit hinterlassen wurde, gekommen sein mag, derselbe wird gezwungen, ihn freizulassen. So ist es sehr oft verordnet worden. Es wird also derjenige, an welchen der Sklave gekommen ist, gezwungen werden, die fideikommissarische Freiheit zu gewähren, wenn der, welcher darum gebeten wurde, dies lieber gewollt hat. Denn es gilt weitum als anerkannt, so dass er, auch wenn ihm unter einer Bedingung die Freiheit hinterlassen, und er, während die Bedingung schwebt, veräussert wurde, doch mit seinem Recht veräussert wurde. Wenn er aber etwa von diesem nicht freigelassen, sondern lieber von dem, welcher ihn freizulassen gebeten wurde, in Freiheit gesetzt werden will, haben die göttlichen Hadrian und Pius entschieden, dass er zu hören sei. Auch wenn der Sklave, nachdem er freigelassen wurde, nachweisen kann, dass durch die Person des Freilassers, oder aus irgend einer Ursache sein Recht bei der Freilassung verletzt wurde, muss ihm infolge dieser Konstitutionen geholfen werden, damit nicht seine Lage gegen den Willen des Verstorbenen verschlechtert werde. Wenn freilich der Wille des Verstorbenen der sein sollte, dass er ihn, von wem es auch sei, freigelassen haben wollte, so muss man sagen, dass die obenerwähnten Konstitutionen wegfallen.

Auch an dieser Stelle argumentiert Marcian zugunsten der Freiheit des Kindes mit dem gleichen sittlichen Argument, nämlich dass die Kinder der Mutter gehören und nicht dem Erben. Zudem stützt sich die Argumentation Marcians auch auf die Tatsache ab, dass der arglistige Erbe bestraft werden soll. Dabei geht es erneut, wie im vorangehenden Beispiel, um eine prätorische Fiktion. Bei der unmittelbaren Freilassung argumentiert Marcian ebenfalls zugunsten der Freiheit mit der Formulierung *praetor parvulis subvenit*.[212]

Das Argument zugunsten der Mutter ist, obwohl es vorliegend eines unter vielen ist, eine besondere Argumentationsweise.[213] Diese Stelle zeichnet sich vor allem auch durch die Hervorhebung des *favor libertatis* aus.[214] Der *favor libertatis* bewirkt die Übertragung einer angesichts eines Fideikommisses entwickelten Argumentation auf die testamentarische Freilassung. Somit lässt sich an besagter Stelle ein prinzipiengeleitetes Argumentieren beobachten.

Der *favor libertatis* kann, trotz der vorliegenden Stelle, vermutlich nicht zu den typischen Argumentationsweisen Marcians in seinen *libri regularum* gezählt werden, da in der Überlieferung keine weiteren Belege mit einem solchen Verweis vorhanden sind.

Die vorliegenden zwei Fragmente sind zu komplex und verschachtelt, als dass von regelhaften Aussagen gesprochen werden könnte. Der potentielle Geltungsbereich und die Wiederholbarkeit sind eher als gering zu betrachten. Marcian präsentiert komplexe Situationen mit verschiedenen Rechtsmeinungen. Marcians Begründung leuchtet zwar mit dem sittlichen Argument ein, jedoch scheint sie wenig rational zu sein. In diesen Fragmenten liegt keine *regula* im Sinne des Kriterienkatalogs vor.

11. Die Erlangung der Emanzipation durch die *aequitas*

Marcianus libro quinto regularum (Pal. 273), D. 1.7.33

Et si pubes factus non expedire sibi in potestatem eius redigi probaverit, aequum esse emancipari eum a patre adoptivo atque ita pristinum ius reciperare.

---

212 Liebs, Lateinische Rechtsregeln und Rechtssprichwörter, S. 179, RZ 91: *Das Gericht steht den Kleinen bei.* Es handelte sich um eine gerichtliche Hilfe für diejenigen, die sich nicht selbst behaupten konnten.

213 Allgemeine Überlegungen zur Gerechtigkeit zwischen Moral und Recht liefert Solidoro Maruotti, Annali della Facoltà dell'Università di Camerino, 1 (2012), S. 212–214.

214 Vgl. zur Begünstigung des *favor libertatis*: Härtel, Index 5 (1974–1975), S. 286; allgemein: Finkenauer, Die Rechtsetzung Mark Aurels zur Sklaverei, Mainz/Stuttgart 2010.

> Und wenn er nach Erreichen der Mündigkeit nachweist, dass es für ihn von Nachteil ist, in die Gewalt des Adoptivvaters gelangt zu sein, dann sei es billig, dass er von diesem aus der Gewalt entlassen werde und so wieder seine frühere Rechtsstellung erlangt.[215]

Die vorliegende Stelle untersucht die Rechtstellung eines Mündigen, der nachweisen kann, dass es für ihn ein Nachteil ist, in der Gewalt eines Adoptivvaters zu sein. In einem solchen Fall soll der Adoptivvater ihn emanzipieren, damit er seine frühere Rechtsstellung erlangt.

Die Adoption war die Annahme einer gewaltunterworfenen Person (*alieni iuris*). Mit seiner Emanzipation durch den Adoptivvater gelangt der Mündige wieder in die frühere Gewalt, das heisst in die Gewalt seines *pater familias*. Der Mündige ist in beiden Fällen *alieni iuris*, jedoch ist es hier für ihn vorteilhafter, seinem *pater familias* unterworfen zu sein als einem Adoptivvater. Eine solche Situation könnte so erklärt werden, dass die Ursprungsfamilie wohlhabender als die Adoptionsfamilie war, oder dass die Adoption dem Wunsch des Vaters entsprang, ihn von der Erbschaft auszuschliessen. Wenn sich die Adoption als für ihn nachteilig erweist, ist ein auf Kaiserrecht beruhendes Einschreiten des Konsuls *extra ordinem* zu vermuten.[216]

Die *aequitas* hat hier die Funktion, dem Sohn die Möglichkeit zu geben, eine für ihn nachteilige Situation rückgängig machen zu lassen. Der Begriff *aequitas* wurde von den römischen Juristen als Quelle des Rechtsgedankens der Ausgleichung von Vorteil und Nachteil verwendet.[217] Der Nachteil des Einen durfte nicht dem Anderen zum Vorteil gereichen.[218]

Zusammenfassend geht es bei diesem Fragment um Mündige, die einen Nachteil beweisen müssen, um die Emanzipation zu erlangen. Es handelt sich meines Erachtens um zu viele Elemente in einem Fragment, um eine generalisierende Regel anzunehmen. Die Übertragbarkeit auf andere Fälle ist eng zu betrachten. Auch der Gebrauch der Billigkeit als Begründung erscheint meines Erachtens gegen den Regelcharakter eines Fragments zu sprechen.

Die einzige weitere Stelle in Marcians *libri regularum*, in welcher der Jurist mit Bezug auf die *aequitas* begründet, ist D. 8.5.19 (Pal. 274), die Lenel in seiner Palingenesie direkt hinter D. 1.7.33 setzt. In beiden Stellen hat die *aequitas* die

---

215 Für die Übersetzung vgl. Fn. 99.

216 Kaser, ZRG rom. Abt. 58 (1938), S. 82.

217 Stagl, in: Testi e problemi del giusnaturalismo romano, S. 679, S. 681.

218 Ders., in: Testi e problemi del giusnaturalismo romano, S. 679, S. 683.

gleiche Funktion. Jedoch finden sich keine weiteren Stellen, weswegen man nicht davon ausgehen kann, Marcian verwende die *aequitas* gerne als Begründung.

12. Von der Umgehung eines juristischen Prinzips durch die *aequitas*

Marcianus libro quinto regularum (Pal. 274), D. 8.5.19

Si de communi servitute quis bene quidem deberi intendit, sed aliquo modo litem perdidit culpa sua, non est aequum hoc ceteris damno esse: sed si per collusionem cessit lite adversario, ceteris dandam esse actionem de dolo Celsus scripsit, idque ait Sabino placuisse.

Wenn jemand eine gemeinschaftliche Dienstbarkeit begründetermassen einklagt, den Rechtsstreit aber auf irgendeine Weise durch sein Verschulden verliert, ist es nicht gerecht, dass dies den übrigen Berechtigten zum Schaden gereicht. Wenn er aber in geheimer Absprache mit dem Gegner den Prozess nicht weiter betrieben (und darum verloren) hat, ist den Übrigen die Klage wegen Arglist zu gewähren. So schreibt Celsus, und er sagt, dass Sabinus dieser Auffassung gewesen sei.[219]

Bei dem im Fragment skizzierten Sachverhalt sind zwei Rechtsverhältnisse zu unterscheiden.

Das erste Rechtsverhältnis basiert auf einer Gemeinschaft, die aus Miteigentümern nach Bruchteilen (*communio pro indiviso*) besteht. Es handelt sich um ein Servitut zu einem im Miteigentum stehenden, herrschenden Grundstück.[220] In einer solchen Konstellation kann jeder Gemeinschafter jederzeit die Aufhebung verlangen.[221] Wenn diese nicht freiwillig erfolgt, kann sie mit einer Teilungsklage herbeigeführt werden (*actio communi dividundo*). Dabei führt diese Klage zu einer schuldrechtlichen Abrechnung der Verbindlichkeiten in einer gemeinschaftlichen Liquidation.[222]

Wenn einer der Miteigentümer eine Dienstbarkeit einklagt und den Rechtsstreit aufgrund seines Verschuldens verliert, so soll dies den anderen Miteigentümern nicht schaden.[223] Zur Begründung verweist Marcian auf die

219 Für die Übersetzung vgl. Fn. 99.

220 DROSDOWSKI, S. 104. Die Begründung liegt in der Verwendung der Formulierung *communi servitute*; vgl. auch die Formulierungen in D. 17.2.52.12 (*communis rivus*) und in D. 3.5.31.7 (*communis aqua*).

221 Ulp. D. 12.6.26.4.

222 KASER, Das Römische Privatrecht, S. 591.

223 Der erste Teilsatz ist verdächtig. Vgl. WIELING, ZRG rom. Abt. 102 (1985), S. 322: „Wenn Celsus nur ausnahmsweise im Kollusionsfall den anderen Miteigentümern mit der *actio doli* helfen will, bedeutet dies, dass in anderen Fällen die Rechtskrafterstreckung angeordnet worden sei". Zudem steht die Stelle im Widerspruch zu D. 46.5.2.1, Paulus

aequitas: Es sei unbillig, dass die übrigen Miteigentümer davon einen Schaden tragen müssten. In diesem Beispiel geht wieder klar die Funktion der *aequitas* als Ausgleichung von Vorteil und Nachteil hervor.[224] Dabei ist davon auszugehen, dass der Miteigentümer nicht nur über seinen Bruchteil den Rechtsstreit austragen möchte, sondern über die gesamte Dienstbarkeit. Der Verweis auf die Billigkeit hat dabei die Funktion, den Grundsatz aufzustellen, dass diejenigen Gemeinschafter, die keine Klage erhoben haben, wegen der Schuld des anderen Gemeinschafters, der eine Klage erhoben hat, keinen Schaden aus dem verlorenen Prozess tragen und somit auch später nicht mehr klagen können. Marcian erscheint es gerecht, dass die anderen Gemeinschafter keinen Schaden aus einem Rechtsstreit tragen müssen, den sie nicht initiiert haben und der zudem aufgrund des Verschuldens des klagenden Gemeinschafters verloren worden ist. Die *aequitas* liefert die Begründung für die Umgehung eines juristischen Prinzips, nach dem alle Miteigentümer einer Dienstbarkeit den Schaden eines verlorenen Rechtsstreites tragen müssen. Die *aequitas* wird hier somit als Begründung herangezogen zur gerechten Behandlung eines konkreten Falles.[225]

Ebenfalls kommt die *aequitas* zur Anwendung, wenn der klagende Gemeinschafter arglistig handelt. In einem solchen Fall wird der Prozess eingestellt (und somit verloren). Die anderen Gemeinschafter tragen in einem solchen Fall den Schaden, können aber – ebenfalls gestützt auf die *aequitas* – gegenüber dem arglistigen Kläger die *actio de dolo* erheben.

Die Verwendung der *aequitas* stützt sich auch auf die *fides*, auf welcher die Gemeinschaft beruht und die unter den Miteigentümern eine Reihe von Pflichten erzeugt.[226] Diese Pflichten sind unter anderem die Leistung versprochener

---

libro 73 ad edictum: *Sicuti stipulatio ex operis novi nuntiatione, qua cavetur, ut opus restituatur: ideoque sive actor sive reus decesserit pluribus heredibus relictis, uno vincente vel victo totum opus restitui debebit: quamdiu enim aliquid superest, tamdiu non potest videri opus restitutum*: die Wiederherstellung einer Sache enthält z.B. die Stipulation infolge des Einspruchs wegen eines neuen Werks, durch welche versprochen wird, dass das Werk wiederhergestellt werden sollte; und darum wird, mag nun der Kläger oder der Beklagte mit Hinterlassung mehrerer Erben verstorben sein, wenn einer von diesen siegt oder besiegt wird, der ganze Bau wiederhergestellt werden müssen; denn solange noch etwas übrig ist, kann man das Werk nicht als wiederhergestellt ansehen.

224 Stagl, in: Testi e problemi del giusnaturalismo romano, S. 679.

225 Vgl. Kaser, Ius gentium, S. 63; Solidoro Maruotti, Annali della Facoltà Giuridica dell'Università di Camerino, 1 (2012), S. 293.

226 Drosdowski, S. 35.

Beiträge[227], die Teilung des Gewinns[228] und der Ersatz von Aufwendungen[229] oder Schäden[230].

Wenn einer der Miteigentümer im Einverständnis mit dem Gegner[231] (*per collusionem*) den Rechtsstreit nicht weiter betreibt, so können die anderen Miteigentümer eine *actio de dolo* geltend machen. Zur Begründung dieser Rechtsfolge beruft sich Marcian auf Celsus und Sabinus.[232] Diese Lösung setzt voraus, dass in einer solchen Konstellation alle Miteigentümer vom Ausgang des Rechtsstreits betroffen sind. Sonderbar erscheint, dass die *collusio* mit dem Gegner gravierendere Folgen für die Miteigentümer haben soll als das einfache Verschulden. Es könnte sein, dass der Unterschied zwischen *damno ceteris non esse* beim Verschulden und der *actio de dolo* bei der *collusio* nur bei der Klage besteht, jedoch beide auf die gleiche Entschädigung der Miteigentümer zielen. Im ersten Fall wäre die Klage die *actio communi dividundo.*[233]

Auch an dieser Stelle begründet Marcian seine Rechtsauffassung, indem er auf sehr angesehene Juristen der Vergangenheit verweist. Zudem bedient er sich eines Werturteils (*non est aequum*), um die anderen Miteigentümer im Fall des Verschuldens eines Miteigentümers schadlos zu halten. Von einer Regel kann jedoch aufgrund der Komplexität des Sachverhaltes nicht ausgegangen werden. Ebenfalls ist der Geltungsbereich als gering zu betrachten.

Ergebnis

Zu erörtern war, ob Marcian mit Hilfe einer einleitenden Wenn-dann-Struktur (hier als Bedingung definiert) weitgehende, allgemeine Regeln aufstellt. Eine solche Struktur bildet sich aus einer Prämisse und einer Folgerung. Dabei entsteht der Schluss, wenn der Vordersatz ein hypothetisches Urteil ist. Wenn das *antecedens* der ersten Prämisse in der zweiten als wahr gesetzt wird, ist vom *modus ponendo ponens* die Rede (indem man A setzt, setzt man B). Auf diese

227 Vgl. Pap.-Ulp. D. 17.2.52.8; Ulp. D. 17.2.73; Paul. D. 17.2.74.

228 Vgl. Cass.-Paul. D. 17.2.65.3.

229 Vgl. Pap.-Ulp. D. 17.2.52.10; Ulp. D. 17.2.52.15; Paul D. 17.2.67.2.

230 Vgl. Cels.-Ulp. D. 17.2.52.2; Iul.-Paul. D. 17.2.65.4; Iul.-Ulp. D. 17.2.52.4.

231 Zur Kollusion im römischen Recht: Mayer-Maly, ZRG rom. Abt. 71 (1954), S. 254; zur Anwendung des Ausdrucks *collusio*: Brutti, S. 254 f.

232 Zu den Interpolationsvermutungen: Solazzi, La tutela e il possesso delle servitù prediali, S. 4; Kaden, IURA I (1950), S. 394; Kaser, IURA VII (1956), S. 220.

233 Grosso, Le servitù prediali, S. 284; vgl. die Interpretation von Brutti, S. 269–279, der den Miteigentümern eine *vindicatio servitutis* gewährt.

Weise schliesst man aus der Bejahung der Bedingung auch auf die Bejahung des Bedingten. Dabei bedeutet das „wenn“ stets „immer wenn“; hätte es die Bedeutung „nur wenn“, so wäre der *modus ponendo ponens* nicht anwendbar.[234]

Ausgehend von diesen Voraussetzungen, von den aufgestellten Kriterien und von den vorgelegten Exegesen, kann das Vorliegen einer Regel nur in den Kommorienzfällen von D. 36.1.36 und D. 39.6.26, in der Fortentwicklung der *condictio incerti* in D. 8.2.35, in der Frage nach einer Gesamtsache im Kaufrecht in D. 18.1.44, im Fragment zur Herausgabepflicht des testamentarisch freigelassenen Sklavens D. 30.119, in den Fällen zur *datio in solutum* von D. 46.3.46pr.–2 und in der Sachmängelhaftung von D. 18.1.45 bejaht werden. Das sind insgesamt sieben Stellen von vierzehn. Aus diesem Grund ist eine Regelbildung durch das einleitende *si* in Marcians *libri regularum* grundsätzlich zu verneinen.

234 Bund, Juristische Logik und Argumentation, S. 57.

Zweiter Teil: Merksätze

1. Grundlagen

Die Untersuchung der marcianischen *libri regularum* ergab neben den Regeln in der Wenn-dann-Struktur einen zweiten möglichen Regeltyp. Dieser Regeltyp soll im weiteren Verlauf der Arbeit als „Merksatz“ bezeichnet werden. Unter Merksatz wird ein kurzer und einprägsamer Satz verstanden. Dieser Merksatz kann auch in Form einer Definition vorkommen. Diese Merksätze können nach den Voraussetzungen des Kriterienkatalogs ebenfalls als Regeln aufgefasst werden.

2. Exegesen

Unter diesem Titel werden nun Marcians Stellen untersucht, in denen der Jurist Merksätze aufstellt. Zu prüfen ist, inwiefern Marcian diesen Merksätzen einen Regelstatus zuschreibt. Die Präsentation der Fragmente erfolgt in der Reihenfolge von Lenels Palingenesie.

2.1. Definition von *sanctum*

Marcianus libro quarto regularum (Pal. 256), D. 1.8.8pr.–2

pr. Sanctum est, quod ab iniuria hominum defensum atque munitum est. 1. Sanctum autem dictum est a sagminibus: sunt autem sagmina quaedam herbae, quas legati populi Romani ferre solent, ne quis eos violaret, sicut legati Graecorum ferunt ea quae vocantur cerycia. 2. In municipiis quoque muros esse sanctos Sabinum recte respondisse Cassius refert, prohiberique oportere ne quid in his immitteretur.

Sakrosankt ist, was vor dem unrechten Handeln der Menschen ge schützt und gesichert ist. 1. Sakrosankt kommt von *sagmina*, den heiligen Gräsern; diese *sagmina* sind bestimmte Kräuter, welche die Gesandten Roms bei sich zu führen pflegten, damit niemand sie verletze, so, wie die Gesandten der Griechen sogenannte *kerykeia*, Heroldsstäbe, bei sich führen. 2. Wie Cassius berichtet, hat Sabinus gut achtlich zutreffend entschieden, dass auch in den Munizipien die Stadtmauern sakrosankt seien und es daher verboten werden müsse, dass an ihnen etwas angebracht wird.[235]

Die Definition Marcians beginnt mit der Aussage, dass *sanctum* sei, was vor den *iniuria* der Menschen geschützt wird. Im § 1 schildert Marcian die etymologische Herkunft des Wortes. *Sanctum* stamme von *sagmina*, was bestimmte

235 Für die Übersetzung vgl. Fn. 99.

heilige Kräuter bezeichnet. Die Bedeutung der heiligen Gräser findet in antiken philosophischen Schriften Erwähnung.[236] Dabei handelt es sich um Verbenen[237], die in mehreren Quellen genannt werden, des Weiteren zählen dazu Rosmarin, Lorbeere, Heidelbeere und Oliven.[238] Anschliessend führt Marcian in § 2 eine Ausweitung auf die *municipia* an, indem er die Meinung von Cassius und Sabinus zitiert: Die Stadtmauern von *municipia* seien *sancti*, und daher sei es verboten, an ihnen etwas anzubringen. Marcian definiert dabei in dieser Stelle die *res sanctae*, ohne sie jedoch den *res divini iuris* zuzuordnen.[239] Der Schwerpunkt liegt nur auf der Tatsache, dass man sie vor den Menschen schützen müsse.[240]

Der Rückgriff auf die etymologische Herkunft des Wortes könnte vorliegend einerseits als unterstützendes Argument, anderseits als Erklärung der wesentlichen Merkmale eines Begriffs dienen.[241]

Der Definition ist aufgrund des hohen Abstraktionsgrades, der auf einen generellen Geltungsbereich schliessen lässt, zweifellos Regelcharakter zuzuschreiben. Die Begründung mit der etymologischen Herkunft ist einleuchtend. Die weiteren Beschreibungen, dass in den Munizipien die Stadtmauern sakrosankt seien, scheinen eine Schlussfolgerung der zuvor aufgeführten Regel zu sein.

2.2. Ein Schiedsspruch in eigener Sache

Marcianus libro secundo regularum (Pal. 224) D. 4.8.51

Si de re sua quis arbiter factus sit, sententiam dicere non potest, quia se facere iubeat aut petere prohibeat: neque autem imperare sibi neque se prohibere quisquam potest.

Ist jemand in eigener Sache zum Schiedsrichter bestellt worden, kann er keinen Schiedsspruch erlassen, weil er sich selbst gebieten müsste, etwas zu tun, oder verbieten müsste, zu klagen; aber niemand kann sich selbst etwas befehlen oder verbieten.[242]

Marcian stellt den Grundsatz auf, dass jemand, der in einem Schiedsverfahren, in das er selbst involviert ist, zum Schiedsrichter bestellt worden ist, keinen

---

236 Plinius, Naturalis historia, 22.3.5, 22.5, 25.10.5; Festus 423.4, 424; Servius auct. Aeneis 12.120.

237 Die Verbenen sind eine Pflanzengattung in der Familie der Eisenkrautgewächse. Es gibt mehr als 250 Arten.

238 Servius auct. Aeneis 12.120.

239 Fantetti, Labeo (1956), S. 95 f.; vgl. auch von Marcian aus seinen Institutionen: D. 1.8.6.2; weitere Stellen: D. 39.3.17.3; D. 11.7.2.4

240 Solazzi, IURA VIII (1957), S. 7.

241 Vgl. Babusiaux, Fundamina 20 I (2014), S. 59 f.

242 Für die Übersetzung vgl. Fn. 99.

Schiedsspruch erlassen kann. Zur Begründung führt er das Argument an, dass sich niemand etwas befehlen oder verbieten kann.[243]

Marcian stellt Zweckmässigkeitserwägungen an, warum niemand in eigener Sache einen Schiedsspruch erlassen kann. Das liefe der Natur[244] zuwider, weil der Schiedsspruch subjektiv gefärbt wäre.[245] Eine dritte, ausserhalb des Verfahrens stehende Person muss die Aufgabe übernehmen und als Schiedsrichter[246] tätig werden, um einen objektiven Entscheid zu gewährleisten.[247] Regelcharakter kann man in diesem Fragment der Formulierung „*neque autem imperare sibi neque se prohibere quisquam potest*" zuschreiben und nicht dem durch *si* eingeleiteten Satz. Dieser beschreibt eher eine konkrete Situation, die dann unter den allgemeinen Grundsatz bzw. die allgemeine Regel subsumiert wird. Die vorgenannte Formulierung ist sehr abstrakt und weist sehr weite Anwendungsbereiche auf. Marcian liefert eine unmittelbar einleuchtende Begründung. Insgesamt kann das Vorliegen einer Regel eindeutig bejaht werden.

2.3. Die Unterscheidung zwischen Realservituten und persönlichen Servituten

Marcianus libro tertio regularum (Pal. 237), D. 8.1.1

Servitutes aut personarum sunt, ut usus et usus fructus, aut rerum, ut servitutes rusticorum praediorum et urbanorum.

---

243 Vgl. zum Schiedsverfahren und zum Schiedsspruch: Buigues, S. 239–246; Ziegler, ZRG rom. Abt. 109 (1992), S. 689; D. 4.8.51 belegt durch den Gebrauch von *facere* auch die Tatsache, dass der Schiedsspruch einen Beteiligten auch zu einer anderen Leistung als der Zahlung von Geld verpflichten konnte und mithin ein Schiedsspruch auch auf eine Sach- oder Dienstleistung lauten konnte: Talamanca, Ricerche in tema di compromissum, S. 34 f.; Wesener, ZRG rom. Abt. 79 (1962), S. 466.

244 Ziegler, Das private Schiedsgericht, S. 118, spricht vom juristischen Sinn der Römer, der es als unmöglich erscheinen lässt, die Entscheidung eines Rechtsstreits durch einen der Beteiligten als Urteilsspruch erfolgen zu lassen, wobei das bloss materielle Interesse am Ausgang des Falles nicht genügte; erforderlich war die formelle Parteistellung.

245 Vgl. Giaro, Labeo (1990), S. 205.

246 Vgl. Mantovani, in: Homo, caput, persona, S. 3–47, der anhand des Fragments D. 5.1.76 die Auswirkungen der Substitution einiger Richter auf das *iudicium* untersucht. Dabei bleibt das *iudicium* trotz der Richtersubstitution gleichlautend.

247 Zur Figur des *iudex* vgl. Gagliardi, RIDA LV (2008), S. 260. Auf S. 260 f. schreibt Gagliardi beschreibt die Nachteile, die eine Richtertätigkeit mit sich brachte.

> Dienstbarkeiten bestehen entweder zugunsten von Personen, wie das Gebrauchsrecht und der Niessbrauch, oder zugunsten von Sachen, wie die Dienstbarkeiten an ländlichen und städtischen Grundstücken.[248]

Marcian unterteilt die Dienstbarkeiten in Personalservitute (Gebrauchsrecht und Niessbrauch) und Realservitute. Dogmatisch betrachtet könnte Marcian der Erste gewesen sein, der in D. 8.1.1 den *usus fructus* unter den Begriff der *servitutes* stellt.[249] Nicht zuletzt deshalb wurde die Frage nach der Echtheit dieser Stelle mehrmals in der Literatur aufgeworfen.[250] Es wurde behauptet, der Gedanke, Niessbrauch und Grunddienstbarkeiten unter einen Oberbegriff zu bringen, müsse schon aus Praktibilitätsgründen nachklassisch sein.[251] Auch wurde auf die voneinander je unabhängige Entstehungsgeschichte des Niessbrauchs und der Grunddienstbarkeit abgestellt.[252] In einem solchen Fall erscheint es jedoch nicht nachvollziehbar, dass die Kompilatoren einem „minderen" Juristen wie Marcian diese Dreiteilung zugeschrieben haben und nicht z.B. einem der fünf Zitierjuristen.[253] Das vorliegende Fragment eröffnet den Digestentitel 8.1. Es ist zwar anerkannt, dass die Digestentitel zumeist mit einem der Zitierjuristen beginnen[254], jedoch ist die Voranstellung des vorliegenden Fragments sicherlich nicht zufällig geschehen.[255] Das Fragment eignet sich perfekt als Eröffnung des Digestentitels. Nicht nur die saubere und klare Sprache, sondern auch der lehrbuchartige metaphorische Stil[256] sprechen für die Echtheit der Stelle.[257] Beliebige Fälle von Dienstbarkeiten sind darunter subsumierbar. Dies spricht für einen breiten Geltungsbereich und eine hohe Wiederholbarkeit. Zwar enthält das Fragment keine Begründung, Marcian bildet aber mit dieser Definition der Dienstbarkeiten eine Regel in Form eines abstrakten Merksatzes.

---

248 Für die Übersetzung vgl. Fn. 99.

249 Wesener, ZGR rom. Abt. 81 (1964), S. 108.

250 Für die Authentizität der Stelle: Finkenauer, Vererblichkeit und Drittwirkungen der Stipulation im klassischen römischen Recht, S. 145 Fn. 26; Bund, ZRG rom. Abt. 73 (1956), S. 218; Costa, S. 271; Buckland, S. 277 f.; für die Unklassizität der Stelle: Longo, BIDR XI (1898), S. 281 f.; Kaser, ZRG rom. Abt. 70 (1953), S. 148; Pringsheim, ZRG rom. Abt. 42 (1961), S. 660; Provera, S. 49 f.; Bonfante, S. 23 f.; Grosso, Usufrutto, S. 6 f.

251 Wesener, IURA L (1999), S. 225; Ders., IURA LIX (2011), S. 389.

252 Möller, S. 34.

253 De Giovanni, S. 134 f.; Giuffrè, S. 219.

254 Bund, ZRG rom. Abt. 73 (1956), S. 207.

255 Ders., ZRG rom. Abt. 73 (1956), S. 207.

256 Lambertini, Limiti alla libera fruizione del mare, dei lidi e dei fiumi pubblici?, S. 66.

257 Bund, ZRG rom. Abt. 73 (1956), S. 207.

2.4. Zum *peculium*

In der folgenden Stelle, an der Marcian einen Vergleich zwischen dem *peculium* und dem Menschen zieht, zeigt sich, wie er durch einen naturalistischen Vergleich ein Rechtsinstitut erläutert und begründet.

Marcianus libro quinto regularum (Pal. 276), D. 15.1.40pr.–1

pr. Peculium nascitur crescit decrescit moritur, et ideo eleganter Papirius Fronto dicebat peculium simile esse homini. 1. Quomodo autem peculium nascitur, quaesitum est. Et ita veteres distinguunt, si id adquisiit servus quod dominus necesse non habet praestare, id esse peculium, si vero tunicas aut aliquid simile quod ei dominus necesse habet praestare, non esse peculium. Ita igitur nascitur peculium: crescit, cum auctum fuerit: decrescit, cum servi vicarii moriuntur, res intercidunt: moritur, cum ademptum sit.

Ein Sondergut wird geboren, wächst, schwindet, stirbt. Und deshalb sagte Papirius Fronto treffend, das Sondergut sei dem Menschen ähnlich. 1. Wie aber ein Sondergut geboren wird, ist fraglich gewesen. Und die alten Juristen unterscheiden folgendermassen: Wenn der Sklave etwas erhalten hat, was der Eigentümer ihm nicht notwendig gewähren muss, dann sei das Sondergut; wenn er aber ein Hemd oder etwas Ähnliches, was ihm der Eigentümer notwendig gewähren muss, erhalten hat, sei das kein Sondergut. Auf diese Weise also wird ein Sondergut geboren. Dagegen wächst es, wenn es vermehrt wird. Es schwindet, wenn Untersklaven sterben, wenn Sachen untergehen. Es stirbt, wenn es eingezogen wird.[258]

Das Sondergut, das mit dem Menschen verglichen wird, ist Gegenstand dieser Stelle. Mit den Verben *nascitur, crescit, decrescit* und *moritur* wird die Verbindung zwischen dem Sondergut und dem Menschen hergestellt; werden doch die Verben „geboren werden, wachsen, schwächer werden" und „sterben" bei Lebewesen und vor allem bei Menschen benutzt. Grund für einen solchen Vergleich ist die Veranschaulichung der juristischen Behandlung des *peculium*. Insbesondere soll diese Metapher als Regel bei der Bestimmung helfen, ob die Gewährung einer Sache als *peculium* qualifiziert werden kann oder nicht. Zudem könnte dieser Vergleich einem didaktischen Zweck dienen. Am Beispiel des Menschen und durch den Verweis auf die *veteres* gelingt es Marcian, die Entstehungsgründe aufzuzeigen. Der Vergleich mit dem Menschen dient der Identifizierung wie auch der Veranschaulichung der Grundsätze des *peculium*.

Interessant ist die Frage, weshalb Marcian diesen Vergleich aufstellt. Das *peculium* wird dem Sklaven als Sondergut vom *dominus* zur selbständigen Bewirtschaftung überlassen. Es wird jedoch nur faktisch, nicht rechtlich zum Eigenvermögen des Sklaven gezählt. Es gehört nach wie vor dem Herrn, der es jederzeit wieder von dem Sklaven einziehen und die Verwaltung durch den

258 Für die Übersetzung vgl. Fn. 99.

Sklaven verbieten kann. Obwohl es dem Sklaven überlassen und von diesem auch bewirtschaftet wird, bildet das *peculium* eine eigene Einheit, über deren Existenz nicht der Sklave bestimmt und die unabhängig vom Sklaven ihren Lauf nimmt. Es ist der Herr, welcher die Existenz des *peculium* bestimmt. Es wird geboren, wenn der *dominus* es entscheidet, es stirbt, wenn der *dominus* es wieder einzieht. Der Sklave hat somit überhaupt keinen Einfluss auf die Entstehung, das Fortbestehen oder den Untergang des *peculium*, wie auch die Menschen keinen Einfluss auf ihre Geburt und ihren Tod haben. Das Sondergut bildet somit kein Vermögen im rechtlichen Sinne, wie auch der Sklave keine Rechtsstellung als Person hat. Trotzdem ist das *peculium* eine faktische Position in der Form eines abgeschwächten Eigenvermögens des Sklaven.

Um auf die eingangs gestellte Frage zurückzukommen, warum Marcian diesen Vergleich aufstellt, bleibt nach dem Gesagten meines Erachtens nur zu schliessen, dass Marcian mit dem Vergleich primär didaktische Zwecke verfolgte. Das Fragment weist mit der Formulierung „*Peculium nascitur crescit decrescit moritur*" einen sehr hohen Grad der Abstraktion auf, weshalb nur schon aus diesem Grund eine Regel im Sinne eines Lehrsatzes anzunehmen ist. Zudem ist der Vergleich zum Menschen unmittelbar einleuchtend.

2.5. Der Eintritt des Schuldnerverzugs

Den Voraussetzungen für die Bestimmung des Eintritts des Schuldnerverzugs anhand einer Definition ist Marcians Fragment D. 22.1.32pr.–5 gewidmet. Es zeigt, auf welche Weise Marcian eine Regel zuerst mittels einer abstrakten Definition nennt und dann durch konkrete Anwendungsbeispiele auf den Prüfstand stellt.

Marcianus libro quarto regularum (Pal. 264), D. 22.1.32pr.–5

pr. Mora fieri intellegitur non ex re, sed ex persona, id est, si interpellatus oportuno loco non solverit: quod apud iudicem examinabitur: nam, ut et Pomponius libro duodecimo epistularum scripsit, difficilis est huius rei definitio. Divus quoque Pius Tullio Balbo rescripsit, an mora facta intellegatur, neque constitutione ulla neque iuris auctorum quaestione decidi posse, cum sit magis facti quam iuris. 1. Et non sufficit ad probationem morae, si servo debitoris absentis denuntiatum est a creditore procuratoreve eius, cum etiam si ipsi, inquit, domino denuntiatum est, ceterum postea cum is sui potestatem faceret, omissa esset repetendi debiti instantia, non protinus per debitorem mora facta intellegitur. 2. In bonae fidei contractibus ex mora usurae debentur. 3. Quid ergo: si et filius familias et pater ex persona eius teneatur (sive iussu eius contractum est sive in rem versum est patris vel in peculium), cuius persona circa moram spectabitur? Et si quidem pater dumtaxat convenietur, ex mora sua non tenetur: in filium tamen dabitur actio in hoc, ut quod minus a patre actor consecutus est, filius praestet: quod si filius moram fecerit, tunc actor vel cum ipso in solidum vel cum patre dumtaxat de peculio habebit. 4. Sed si duo rei promittendi sint, alterius mora alteri non nocet. 5. Item si fideiussor solus moram fecerit, non tenetur, sicuti si Stichum promissum occiderit: sed utilis actio in hunc dabitur.

pr. Der Eintritt des Verzugs wird, wie man annimmt, nicht objektiv aufgrund der Verzögerung der Leistung, sondern von der Person her bestimmt, das heisst, wenn der Schuldner an einem dafür passenden Ort gemahnt worden ist und nicht leistet. Dies ist unter Berücksichtigung des Einzelfalles vor dem Richter zu untersuchen. Denn wie auch Pomponius im 12. Buch seiner Briefe geschrieben hat, ist eine allgemeine Bestimmung der Verzugsvoraussetzung schwierig. Auch der vergöttlichte Kaiser Antoninus Pius hat dem Tullius Balbus auf Anfrage den Bescheid erteilt, dass die Frage, wann man annehmen könne, dass Verzug eingetreten sei, weder durch eine Kaiserkonstitution noch durch die Erörterung der Rechtsgelehrten entschieden werden könne, weil es sich mehr um eine Tatsachenfrage als um eine Rechtsfrage handle. 1. Und es genügt zum Beweis des Verzugs nicht, dass an den Sklaven des abwesenden Schuldners vom Gläubiger oder von dessen Verwalter eine Zahlungsaufforderung ergangen ist, da selbst dann, sagt er, wenn die Zahlungsaufforderung an den Geschäftsherrn ergangen sei, es aber später, als sich Gelegenheit bot, mit ihm zu sprechen, unterlassen wurde, auf der Rückzahlung der Schuld zu bestehen, nicht angenommen werde, dass der Schuldner ohne Weiteres in Verzug geraten ist. 2. In Verträgen nach Treu und Glauben werden nach Verzugseintritt Zinsen geschuldet. 3. Was gilt also, wenn sowohl der Haussohn als seinetwegen auch sein Vater haften (weil der Vertrag auf Geheiss des Hausvaters abgeschlossen wurde oder weil aufgrund des Vertrags mit dem Haussohn eine Verwendung in das Vermögen des Vaters oder das Sondervermögen des Haussohnes erfolgte) – auf wessen Person wird dann hinsichtlich des Verzugs gesehen? Und wenn der Vater mit der Klage wegen des Sonderguts belangt wird, haftet er aufgrund seines Verzugs nicht; gegen den Sohn wird jedoch eine Klage mit dem Ziel gegeben, dass der Sohn den Betrag leiste, der vom Vater nicht erlangt werden konnte. Ist aber der Haussohn in Verzug geraten, dann hat der Kläger gegen ihn eine Klage auf das Ganze oder gegen den Vater die Klage wegen des Sonderguts. 4. Gibt es zwei Gesamtschuldner kraft Stipulation, dann schadet der Verzug des einen dem anderen nicht. 5. Wenn ferner allein der Bürge sich im Verzug befindet, haftet der Schuldner nicht, so wie er auch nicht haftet, wenn der Bürge den versprochenen Sklaven Stichus tötet. Es wird aber gegen ihn eine analoge Klage gegeben.[259]

259 Für die Übersetzung vgl. Fn. 99.

Im *principium* geht es um die Subjektivität des Verzugs, der an der Person haftet und nicht an der *res*. Dabei formuliert Marcian die Annahme, dass ein Verzug eintrete, wenn der Schuldner an einem passenden Ort[260] gemahnt worden sei und trotzdem nicht leiste. Ob diese Voraussetzung vorliege, müsse der Richter entscheiden. Als Beleg für diese Behauptung beruft sich Marcian auf Pomponius, der im 12. Buch seiner Briefe schreibt, dass die Bestimmung eines Verzugseintritts schwierig sei. Sodann zitiert Marcian ein Reskript, das der Kaiser Antoninus Pius an einen gewissen Tullius Balbus erteilt habe. Der Kaiser habe entschieden, er könne den Verzug nicht feststellen, da es sich um eine Frage der Tatsachen, nicht des Rechts handle. Tatsachenfragen aber könnten nicht durch Konstitutionen oder Antworten von Juristen gelöst werden.[261]

Die die Erörterung auslösende Regel ist eindeutig *mora fieri intellegitur non ex re, sed ex persona*, welche Anknüpfungspunkt in den Anwendungsbeispielen der weiteren Paragraphen ist.

Die Regel besagt, dass der Schuldnerverzug aufgrund des subjektiven, persönlichen Verhaltens des Schuldners (*ex persona*) und nicht aufgrund von objektiven Elementen (*ex re*), d.h. beispielsweise aufgrund der einfachen Verspätung der Leistung[262], festgestellt werde. Als Erklärung von *ex persona* führt Marcian die Situation an, dass der Schuldner, wenn er an einem passenden Ort gemahnt worden sei und trotzdem nicht leiste, in Schuldnerverzug gerate.[263] Daraus kann man schliessen, dass die Mahnung Voraussetzung für den Schuldnerverzug *ex persona* sei.[264] Somit muss für die Bejahung des Schuldnerverzugs nicht nur eine

260 Nach SIBER, ZRG rom. Abt. 29 (1908), S. 52, bezieht sich „*oportuno loco*" wahrscheinlich auf „*interpellatus*", der Schuldner müsse somit an einem passenden Ort gemahnt worden sein. Auch nach APATHY, ZRG rom. Abt. 104 (1987), S. 760, wäre es widersprüchlich, wenn der Gläubiger durch eine entsprechende Klage den Erfüllungsort bestimmen könnte, während der Schuldner an jedem *locus oportunus* seine Schuld tilgen könnte. Nach AMARELLI, S. 69 f., bedeutet die Aussage „*oportuno loco*", dass der Schuldner an jedem Ort, den er als passend erachtet, leisten kann. Jedoch hält er die Stelle für interpoliert. Vgl. auch BUDA, Index 18 (1990), S. 472. Zum Ausdruck „*oportuno loco*": SOLAZZI, L'estinzione della obbligazione, S. 120; BUCHER, in: Festschrift für Bruno Huwiler, S. 159; vgl. auch D. 46.3.39.

261 MAYER-MALY, ZRG rom. Abt. 117 (2000), S. 18.

262 GERMINO, in: φιλία, Scritti per Gennaro Franciosi, S. 1071.

263 Zu den Interpolationsvermutungen: SIBER, ZRG rom. Abt. 29 (1908), S. 50 ff.; MONTEL, S. 25 ff.; DE GIOVANNI, S. 147; GERMINO, in: φιλία, Scritti per Gennaro Franciosi, S. 1066. Für die Authentizität des Fragments ist vor allem: ELEFANTE, Labeo 6 (1960), S. 36 ff.

264 PAPAKONSTANTINOU, S. 119.

klagbare und fällige Verpflichtung vorliegen, sondern der Schuldner muss diese bewusst verzögert haben, indem er gemahnt worden ist und trotzdem nicht geleistet hat.

Zur Stützung der Behauptung, dass die Bestimmung des Eintritts des Schuldnerverzugs schwierig sei, zitiert Marcian den Juristen Pomponius. Dabei bezieht sich *difficilis est huius definitio* auf die Feststellung des Verzugseintritts.[265] Dabei lehnt Marcian die Aufstellung der *definitio* nicht ab[266], er nennt schlicht keine abschliessenden Voraussetzungen für den Verzugseintritt und überlässt dessen Bestimmung dem *iudex*. Diese Entscheidung stützt er auf den Kaiser Antoninus Pius[267], der dem Tullius Balbus auf Anfrage den Bescheid erteilte, dass die Frage, wann man annehmen könne, dass Verzug eingetreten sei, weder durch eine Kaiserkonstitution noch durch die Erörterung der Rechtsgelehrten entschieden werden könne, weil es sich mehr um eine Tatsachenfrage als um eine Rechtsfrage handle.

Bei der vorliegenden Tatsachenfrage hatte somit der *iudex* nicht, wie oft als Begründung der Interpolationsvermutungen angenommen wurde[268], nur die Frage zu prüfen, ob der Schuldner gemahnt worden war und trotzdem nicht geleistet hatte. Vielmehr musste er nach Prüfung der subjektiven Elemente entscheiden, ob der Schuldnerverzug eingetreten war.[269] Das impliziert, dass der Richter weitere subjektive Elemente zu prüfen hatte, z.B. die Möglichkeit, die Leistung zu erbringen oder der Wille des Schuldners, der Forderung nachzukommen[270], die beide zur subjektiven Sphäre des Schuldners gehören und somit zu den Voraussetzungen *ex persona* gezählt werden können. Die Mahnung war

---

265 Martini, Le definizioni, S. 63; Mayer-Maly, ZRG rom. Abt. 117 (2000), S. 18; nach De Giovanni bezieht sich Marcian auf die Definitionen nach Cicero, de orat. 1.189, „*... est enim definitio earum, quae sunt eius propriae, quam definire volumus, brevis et circumscripta quedam explicatio*".

266 Nörr, ZRG rom. Abt. 89 (1972), S. 70, Fn. 248.

267 Wenn Marcian den Kaiser Antoninus Pius zitiert, so tut er dies aufgrund der Vorlage von Konstitutionen als Präzedenzfälle: Babusiaux, ZRG rom. Abt. 126 (2009), S. 182, Fn. 72; Kaiserentscheide wurden als Beweis zitiert, weil sie in der Prinzipatszeit eine ähnliche Wirkung gehabt haben wie die *exempla* und somit eine gewisse faktische Geltungskraft genossen: Nörr, Zur Reskriptenpraxis in der hohen Prinzipatszeit, S. 39–41; Katzoff, ZRG rom. Abt. 89 (1972), S. 273.

268 Siber, ZRG rom. Abt. 29 (1908), S. 50 ff.; Montel, S. 25 ff.; De Giovanni, S. 147; Germino, in: φιλία, Scritti per Gennaro Franciosi, S. 1066.

269 Vgl. De Giovanni, S. 147; Pringsheim, ZRG rom. Abt. 78 (1961), S. 16 f.; Germino, in: φιλία, Scritti per Gennaro Franciosi, S. 1072.

270 Pichonnaz, in: Mélanges en l'honneur de Michel Humbert, S. 662 f.

somit Voraussetzung der *mora ex persona*, aber bei der Prüfung mussten noch weitere Elemente berücksichtigt werden.[271] Zusammenfassend kann festgehalten werden, dass *mora ex persona* und *ex re* keine Begriffe zur Unterscheidung zwischen dem Verzugseintritt mit und ohne *interpellatio* sind.[272]

Ausgehend von der Regel, dass *mora* nur dann vorliegt, wenn dem Schuldner ein Vorwurf gemacht werden kann, was der Jurist mit *ex persona* ausdrückt, konkretisiert Marcian anhand anderer Fälle die Regel. Im § 1 betont er, dass der Verzugseintritt nicht angenommen werden kann, wenn der Gläubiger oder dessen Verwalter zwar einen Sklaven des Schuldners zur Zahlung aufgefordert hatte, der dies seinem Herrn mitgeteilt hatte, es später aber unterlassen wurde, den Schuldner direkt zur Zahlung aufzufordern, als sich die Gelegenheit dazu bot.

Zur Bestätigung, dass der Eintritt des Schuldnerverzugs von einem vorwerfbaren Verhalten in der Person des Schuldners abhängt, führt somit Marcian hier das Beispiel an, dass der Schuldner direkt zur Zahlung hätte aufgefordert werden müssen und nicht nur über seinen Sklaven.

Der Paragraph beginnt mit der Aussage *non sufficit ad probationem morae*. Dabei richtet sich die *probatio* auf die Tatsachenfrage. Der Gläubiger wollte dadurch, dass er den Sklaven gemahnt hatte, beweisen, dass der Schuldnerverzug beim Schuldner eingetreten sei. Dass die Mahnung jedoch direkt an die Person des Schuldners (*ex persona*) gerichtet werden musste, ergibt sich auch aus dem Zusatz *non protinus per debitorem mora facta intellegitur*.

Wird in diesem ersten Paragraphen beschrieben, dass der Schuldner persönlich gemahnt werden musste, so fragt sich Marcian in § 3, an welche Person man sich betreffend den Verzug richten musste, d.h. welche Person gemahnt werden musste, wenn sowohl der Haussohn als auch seinetwegen der Vater aus einem Rechtsgeschäft hafteten.[273]

In diesem Fall ist ein Haussohn ein Rechtsgeschäft eingegangen. Haussöhne konnten verklagt werden; solange sie kein eigenes Vermögen hatten, unterlagen sie jedoch grundsätzlich nicht der Vollstreckung.[274] An Stelle des Haussohnes konnte jedoch der Vater belangt werden, wenn er dem Sohn

---

271 Vgl. Jakobs, TR 42 (1974), S. 45, der von der Mahnung als nicht ausreichende, aber regelmässige Voraussetzung der *mora debitoris* spricht.

272 Kaser, SDHI 46 (1980), S. 111; Steiner, S. 68.

273 Vgl. die Interpretation dieses Paragraphen von Chiusi, S. 36 f.

274 Kaser, Das Römische Privatrecht, S. 343; vgl. aber auch Klinck, S. 130 f., wonach die Haussöhne mit der *actio iudicati* belangt werden konnten und es unwahrscheinlich gewesen sei, dass die *actio iudicati* gegen einen gewaltabhängigen Haussohn erhoben werden konnte, wenn eine Vollstreckung ausgeschlossen gewesen sei.

einen Auftrag gegeben hatte, der nach aussen wie eine Einwilligung oder Ermächtigung (*iussum*) wirkte, wenn der Sohn zu einer Bereicherung des Vermögens seines Vaters gehandelt hatte (*de in rem verso*) oder wenn der Vater dem Sohn ein Sondergut (*peculium*) zur selbständigen Bewirtschaftung überlassen hatte.

Sowohl der Haussohn als auch der Vater konnten somit wegen der Tätigkeit des Sohnes, *quod iussu*, *de in rem verso* oder *de peculio* verklagt werden. Dabei fragt sich Marcian, welche Person die Verzugszinsen zu tragen habe. Wenn der Schuldner gegen den Vater *de peculio* vorgeht, haftet der Vater nicht aufgrund des Verzugs. Der Gläubiger kann aber eine *actio directa* gegen den Sohn erheben, um den gleichen Betrag zu erzielen.[275] Der Schlussteil des Fragments ist wieder klar. Wenn der Sohn in Verzug ist, kann der Gläubiger gegen ihn *in solidum* (inkl. der Zinsen) vorgehen oder gegen den Vater *de peculio*. Dabei hängt es von der Höhe des Sonderguts ab, ob die Zinsen auch enthalten sind.

Als letztes Anwendungsbeispiel der *mora ex persona* beschreibt Marcian in § 5, dass der Hauptschuldner nicht hafte, wenn der Bürge sich in Verzug befinde. Ebenso hafte der Hauptschuldner nicht, wenn der Bürge den versprochenen Sklaven Stichus tötet. Marcian gewährt aber in diesen Fällen eine analoge Klage gegen den Bürgen.

Trotz der grammatikalischen Unkorrektheiten[276] am Ende von § 5 lässt sich Marcians Aussage derart verstehen, dass, wenn der Verzug nur vom Bürgen verursacht ist, der Verlust der Sache nur ihn betrifft und der Gläubiger gegen ihn mit einer *actio utilis ex stipulatu* vorgehen könne.[277] Marcians Aussage ist derart zu verstehen, dass zivilrechtlich betrachtet, wenn der Untergang der Sache (hier im Spezifischen durch die Tötung des Sklaven) den Hauptschuldner, der

---

275 Vgl. zur Interpretation: Chiusi, S. 36 f.

276 Frezza, S. 92: *Hunc* bezieht sich grammatikalisch auf Stichum, während es sich auf *fideiussor* hätte beziehen sollen; *dabitur* hätte *datur* heissen sollen.

277 Wacke, IURA 28 (1977), S. 21; Valiño, S. 306 f.; Frezza, S. 92; Vgl. auch Pap. D. 4.3.19: *Si fideiussor promissum animal ante moram occiderit, de dolo actionem reddi adversus eum oportere Neratius Priscus et Iulianus responderunt, quoniam debitore liberato per consequentias ipse quoque dimittitur:* wenn ein Bürge ein stipulationsweise versprochenes Tier vor Eintritt des Verzugs getötet hat, muss gegen ihn, wie Neratius Priscus und Julian entschieden haben, die Klage wegen Arglist erteilt werden, weil dadurch, dass der Hauptschuldner befreit worden ist, notwendigerweise auch der Bürge selbst befreit wird; ein Dritter, der ein versprochenes Tier tötet, ist folglich Garant der Leistung. Dieser haftet gegenüber dem Gläubiger mittels einer *actio de dolo*, obwohl nicht er im Verzug mit der Leistung war.

nicht verantwortlich war, befreit, auch der *fideiussor* befreit wird, obwohl er den Untergang zu verantworten hat.[278]

Dieses letzte Beispiel stellt eine weitere Bestätigung der Regel *mora ex persona* dar. Der Verzugseintritt betrifft hier nicht den Hauptschuldner, sondern den Bürgen. Dies kann damit begründet werden, dass der Schuldner, obwohl er mit dem Gläubiger ein Rechtsgeschäft eingegangen ist, nicht für den Verzug verantwortlich ist, keine *culpa* trägt[279], und somit nicht die subjektiven Elemente für den Eintritt des Schuldnerverzugs erfüllt. Der Bürge erfüllt die subjektiven Elemente des Verzugseintritts. Daraus lässt sich auch schliessen, dass nicht nur die Mahnung als einzige Voraussetzung des Verzugseintritts galt, sondern noch weitere subjektive Elemente vorausgesetzt werden. Gerade deshalb war es eine Tatsachenfrage, die vom Richter geprüft werden musste.

Rekapituliert man den Gedankengang Marcians in diesem Fragment, ergibt sich zusammenfassend, dass die Bestimmung (*definitio*) der subjektiven Elemente des Schuldnerverzugs eine Tatsachenfrage sei und somit vom Richter von Fall zu Fall bestimmt werden müsse. Dabei stelle aber die Mahnung am passenden Ort eine der subjektiven Voraussetzungen dar. Die Stelle belegt weiter auch Marcians Tendenz zur Koordination und Klassifikation, hier spezifisch, dass *mora ex persona* und nicht *ex re* sei.[280]

Marcian beschränkt sich nicht auf die Nennung der Definition, sondern erklärt sie, untermauert sie mit argumentativen Mitteln (Zitaten) und zeigt Variationen in Anwendungsfällen, deren Lösung sich als Argument für Marcians Regel darstellt. Vor allem das Beispiel im letzten Paragraphen veranschaulicht die Anwendbarkeit der Regel und die Notwendigkeit der Prüfung durch den Richter. Es gibt Anwendungsbeispiele in sehr hoher Anzahl, der Grad an Abstraktion ist sehr hoch, der Merksatz wirkt durch die Begründung einleuchtend und der Wichtigkeitsgrad für mögliche Beteiligten ist ebenfalls als hoch einzustufen, weshalb der Regelcharakter im Sinne des Kriterienkatalogs diesem Fragment ohne Weiteres zugeschrieben werden kann.

---

278 Pugliese, in: Studi in onore di Ugo Enrico Paoli, S. 572.

279 Schmieder, S. 155.

280 De Giovanni, S. 23; Buckland, S. 277 ff.

2.6. Von der Errichtung und Wirkung der Kodizille

Marcianus libro secundo regularum (Pal. 229), D. 29.7.7pr.–1

pr. Quaedam non referuntur ad confirmationem codicillorum, veluti si ante captivitatem quis codicillos confirmaverit et in captivitate codicillos scribat: nam non valent. Idem est, si aliquo modo ius testamenti faciendi desierit habere. 1. Praeterea in illis, quae non iuris, sed facti sunt, non est perinde habendum quod codicillis scribitur, atque si ubi confirmatio scriptum fuisset: veluti si ita in codicillis scriptum erit: „Vestem quae mea est", codicillorum tempus spectandum, non quo confirmantur: item „si Titius vivus est" vel „si tot annis est", codicillis legavit Seio, tempus codicillorum, non quo tempore fit testamentum, spectandum.

Manche Verfügungen werden von der Bestätigung der Kodizille (im Testament) nicht erfasst. Zum Beispiel wenn jemand (künftige) Kodizille bestätigt hat, bevor er in Kriegsgefangenschaft gerät, und dann in Gefangenschaft ein Kodizill schreibt. Das Kodizill ist nämlich unwirksam. Ebenso verhält es sich, wenn der Erblasser aus irgendeinem anderen Grund das Recht verliert, ein Testament zu errichten. 1. Ausserdem werden Bestimmungen im Kodizill, soweit es nicht um die Rechtslage, sondern um die tatsächlichen Verhältnisse geht, nicht so behandelt, als wären sie schon zum Zeitpunkt der Bestätigung (im zuvor errichteten Testament) geschrieben worden. Wenn zum Beispiel im Kodizill steht: „Die Kleidung, die mir gehört" (vermache ich), so muss man (zur Bestimmung der von der Klausel erfassten Kleidungsstücke) auf den Zeitpunkt abstellen, zu dem das Kodizill errichtet wurde, nicht auf den der Bestätigung. Auch wenn der Erblasser im Kodizill dem Seius ein Vermächtnis ausgesetzt hat, „falls Titius noch lebt" oder „falls er so und so alt ist", ist auf den Zeitpunkt der Errichtung des Kodizills abzustellen, nicht auf den Zeitpunkt, zu dem das Testament errichtet wurde.[281]

Den Ausgangspunkt bildet die Aussage, dass die Bestätigung (bzw. die Ankündigung) eines Kodizills im Testament nur eine notwendige, aber nicht eine hinreichende Bedingung für dessen Wirksamkeit ist. Dies zeigt das Beispiel, in dem die Testierfähigkeit wegen der Kriegsgefangenschaft fehlt. Da das Kodizill von der Fiktion lebt, Teil des Testaments zu sein, muss der Testator beim Verfassen des Kodizills testierfähig sein. Die Testierfähigkeit ist somit eine weitere Bedingung der Wirksamkeit des Kodizills, nicht nur die Aufnahme in das (oder die Ankündigung im) Testament selbst.

Wenn jemand ein Testament verfasste, das eine *confirmatio codicillorum in futurum* enthielt, danach die Testierfähigkeit verlor, da er in Kriegsgefangenschaft geriet, und in dieser Zeit ein Kodizill verfasste, dann ist dieses unwirksam, weil Kriegsgefangene nicht testierfähig sind.[282] Dasselbe gilt, wenn der Erblasser aus anderen Gründen die Testierfähigkeit verliert und während dieser

---

281 Vgl. zur *fictio codicillaris* Voci, Labeo (1967), S. 326; für die Übersetzung vgl. Fn. 99.
282 Amirante, S. 99 ff.; Kaden, IURA II (1951), S. 255.

Zeit das Kodizill verfasst. Ebenso ist der Zeitpunkt des Kodizills massgeblich für dessen Auslegung (nach den Tatsachen). Dies zeigt, dass es Marcian um die Bestimmung der Grenzen der Fiktion geht. Man stellt nicht auf den Zeitpunkt der Errichtung des Testaments ab, sondern auf denjenigen der Errichtung des Kodizills selbst. Marcian zeigt dies an zwei konkreten Beispielen auf, wobei sich das erste auf vermachte Kleidung bezieht. Die Bestimmung der Kleidungsstücke stützt sich auf den Zeitpunkt der Errichtung des Kodizills und nicht auf denjenigen der Bestätigung. Das zweite Beispiel bezieht sich auf das Aufstellen von Bedingungen in einem Kodizill. Solch eine Bedingung betrifft beispielsweise das Alter einer Person oder die Frage, ob jemand noch am Leben ist. Für die Beantwortung der Frage, ob die Bedingung erfüllt ist, soll auf den Zeitpunkt der Errichtung des Kodizills abgestellt werden.

Marcian bestimmt als massgebenden Zeitpunkt denjenigen der Abfassung des Kodizills und zeigt damit die Grenze der Fiktion des Kodizilliarrechts.[283] Es ist somit nicht möglich, dass der Bedingungseintritt fingiert wird.[284] Das Gleiche hält er auch in seinen Institutionen fest, wenn er in D. 29.7.6.3 hervorhebt[285], dass nur diejenigen, die ein Testament errichten können, auch ein Kodizill errichten können.

Sowohl das *principium* als auch § 1 beziehen sich auf eine Rechtsfrage, nämlich auf die Frage nach den Voraussetzungen für die Errichtung eines Kodizills. In § 1 geht es um die Bewertung einer Tatsache. Diese betrifft die Frage der inhaltlichen Bestimmung oder den Eintritt von Bedingungen, z.B. welche Kleidungsstücke vermacht werden oder ob Titius noch am Leben ist.

Marcian erläutert, wie bestimmte Rechtsfälle in Bezug auf Kodizille entsprechend beurteilt werden. Es handelt sich nicht um einen generellen Geltungsbereich, der auf eine Personengruppe oder gar auf die Gesamtheit zutreffen könnte. Vielmehr scheint es, dass Marcian Einzelfallentscheidungen schildert. Ein genügend abstrakter Merksatz ist in diesem Fragment nicht zu finden.

2.7. Eine Zahlung hebt zwei Verbindlichkeiten auf

Marcianus libro secundo regularum (Pal. 234), D. 46.3.44

In numerationibus aliquando evenit ut una numeratione duae obligationes tollantur uno momento: veluti si quis pignus pro debito vendiderit creditori: evenit enim, ut et ex vendito tollatur obligatio et debiti. item si pupillo, qui sine tutoris auctoritate mutuam pecuniam

283 Mayer-Maly, ZRG rom. Abt. 117 (2000), S. 17.

284 Vgl. zur Fiktion Kaser, Das Römische Privatrecht, S. 485.

285 Marci. D. 29.7.6.3: *Codicillos is demum facere potest, qui et testamentum facere potest:* ein Kodizill errichten kann nur, wer auch ein Testament errichten kann.

accepit, legatum a creditore fuerit sub ea condicione, si eam pecuniam numeraverit, in duas causas videri eum numerasse, et in debitum suum, ut in Falcidiam heredi imputetur, et condicionis gratia, ut legatum consequatur. item si usus fructus pecuniae numeratae legatus fuerit, evenit, ut una numeratione et liberetur heres ex testamento et obliget sibi legatarium. tantundem est et si damnatus fuerit alicui vendere vel locare: nam vendendo vel locando et liberatur ex testamento heres et obligat sibi legatarium.

Bei Zahlungen geschieht es zuweilen, dass durch eine einzige Zahlung zwei Verbindlichkeiten in einem einzigen Augenblick aufgehoben werden, z.B. wenn jemand das (von ihm gegebene) Pfand dem Gläubiger zur Bezahlung der Schuld verkauft, denn es geschieht dann, dass sowohl die Verbindlichkeit aus dem Verkauf als auch die der Schuld aufgehoben wird. Ferner, wenn einem Mündel, welches ohne Ermächtigung des Vormunds Geld zum Darlehen erhalten hat, vom Gläubiger etwas unter der Bedingung vermacht sein sollte, wenn es jenes Geld gezahlt habe, so scheint das Mündel für zwei Verhältnisse gezahlt zu haben, sowohl für seine Schuld, sodass es dem Erben in die Falcidia eingerechnet wird, als auch zur Erfüllung der Bedingung, sodass es das Vermächtnis erhält. Desgleichen, wenn der Niessbrauch an barem Gelde vermacht wird, geschieht es, dass der Erbe sowohl (von seiner Verbindlichkeit) aus dem Testament befreit wird als auch sich dem Vermächtnisnehmer verbindlich macht. Dasselbe findet auch statt, wenn er verpflichtet wird, jemandem etwas zu verkaufen oder zu vermieten. Denn durch den Verkauf oder die Vermietung wird der Erbe teils (von seiner Verbindlichkeit) aus dem Testament befreit, teils macht er sich dem Vermächtnisnehmer verbindlich.[286]

Die die Erörterung auslösende Aussage ist *in numerationibus aliquando evenit ut una numeratione duae obligationes tollantur uno momento*. Um diese Aussage zu untermauern, führt Marcian vier Beispiele an.

Das erste Beispiel bezieht sich auf die Gleichzeitigkeit des Erlöschens der Verpflichtungen bei Verkauf des Pfandes an den Gläubiger. Der Gläubiger gewährt dem Schuldner ein Darlehen, und der Schuldner übergibt dem Gläubiger als Sicherheit ein Pfand. Zu einem späteren Zeitpunkt verkauft der Schuldner dem Gläubiger das Pfand. Die beiden Parteien werden somit im diesem neuen Rechtsverhältnis Verkäufer und Käufer. Durch den Verkauf der Sache geht auch das Schuldverhältnis unter. Es geht hier im Spezifischen um die Nebenabrede bei der Verpfändung, dass die Pfandsache dem Gläubiger als ihm verkauft gilt, wenn die Schuld nicht erfüllt wird, dabei gilt der Kaufpreis als Befreiung von der Schuld (*lex commissoria*).[287] In der Klassik waren solche Verfallsabreden durchaus noch zulässig. Erst durch Konstantin (320 n. Chr.) wurde die Verfallsabrede aufgrund deren Missbrauchs durch Wuchergeschäfte verboten.[288]

---

286 Für die Übersetzung vgl. Fn. 99.

287 Pap. Vat. 9; KASER, Das Römische Privatrecht, S. 561.

288 C. 8.34.3.

Wenn der Schuldner das Darlehen nicht hätte zurückbezahlen können, hätte der Gläubiger ohnehin das Pfand behalten können. Es liegt daher die Annahme zugrunde, dass der Schuldner diese Verfallsabrede eingegangen ist, weil er in Geldnot war, da er sich ansonsten nicht auf das Geschäft eingelassen hätte.

Im zweiten Beispiel geht es erneut um eine Zahlung, die zwei Wirkungen hat: die Auflösung des Schuldverhältnisses und die Erfüllung einer Bedingung. Ein Gläubiger gewährt einem Schuldner, der ein Mündel ist, ein Darlehen. Der Gläubiger errichtet ein Testament mit einem Legat zugunsten des Schuldners mit der Bedingung, dass er das Darlehen zurückzahlt. Beim Tod des Erblassers (d.h. des Gläubigers) zahlt der Schuldner das Darlehen dem Erben zurück und erhält infolge das Legat. Die Zahlung hat somit zwei Wirkungen: die Auflösung des Schuldverhältnisses und die Erfüllung der Bedingung. Das Mündel bezahlt einmal. Mit dieser Bezahlung tritt die Bedingung für das Legat ein, und sie löst gleichzeitig die Verpflichtung durch das Legat aus. Durch die Bezahlung erlischt aber auch die Darlehensschuld. Marcian zeigt hier exemplarisch auf, wie durch eine Bezahlung eine Verpflichtung erlischt und eine andere entsteht.[289]

289 Vgl. Paul. D. 35.2.21pr.: *Si pupillus, cui sine tutore auctore decem mutua data sunt, legatum a creditore meruerit sub hac condicione, si decem quae acceperit heredi reddiderit, una numeratione et implet condicionem et liberatur naturali obligatione, ut etiam in Falcidia heredi imputentur, quamvis non imputarentur, si tantum condicionis implendae causa data fuissent. adeo autem et solvere videtur, ut repudiato legato vel Sticho qui legatus est mortuo nihil repetere possit:* wenn ein Mündel, welchem ohne die Ermächtigung seines Vormunds zehntausend Sestertien darlehensweise vorgeschossen wurden, von seinem Gläubiger ein Vermächtnis unter der Bedingung ausgesetzt erhalten hat, wenn er die empfangenen zehntausend zurückzugeben haben werde, so erfüllt er durch die Zahlung sowohl die Bedingung, und er wird auch von der natürlichen Verbindlichkeit frei, so dass sie dem Erben auch bei der Falicidia in Anrechnung gebracht werden, obwohl dieses nicht der Fall sein würde, wenn sie bloss zur Erfüllung der Bedingung gezahlt worden wären. Diese Zahlung wird auch so sehr als Zahlung betrachtet, dass wenn er das Vermächtnis nachher ausgeschlagen hat, oder Stichus, welcher der Gegenstand des Vermächtnisses war, gestorben ist, er nichts zurückfordern kann; zur fehlenden Erwähnung der *naturalis obligatio* bei Marcian: BURDESE, La nozione classica di naturalis obligatio, S. 95 f.; LONGO, Ricerche sull'obligatio naturalis, S. 284; BURDESE, IURA XIV (1963), S. 275; DI CINTIO, SDHI LXXIV (2008), S. 510; THOMAS, in: Festgabe für Ulrich von Lübtow zum 70. Geburtstag, S. 468 f.; CORNIOLEY, S. 196 f.; LABRUNA, Rescriptum Divi Pii, S. 86 f.

Im Verhältnis zur ersten Aussage kann festgehalten werden, dass, wenn beim ersten Fall zwei Verbindlichkeiten erloschen sind, hier eine Zahlung eine Verbindlichkeit erlöschen und eine andere entstehen lässt.

Das dritte Beispiel betrifft ebenfalls eine Rechtshandlung, die eine Verbindlichkeit zum Erlöschen bringt und eine andere entstehen lässt. Dabei handelt es sich um eine Erbeneinsetzung mit einem Legat, das eine Nutzniessung an barem Geld enthält. Der Erbe ist somit aus dem Legat verpflichtet. Beim Tod des Erblassers räumt der Erbe dem Vermächtnisnehmer die Nutzniessung ein und befreit sich von seiner Verpflichtung. Die Nutzniessung an barem Geld war kein dingliches Recht, sondern ein Kreditverhältnis. Das Geld wurde ins Eigentum übertragen und dabei wurde die *cautio usufructuaria* geleistet[290] und somit die Verpflichtung eingegangen, die gleiche Menge gleichartiger Sachen zu restituieren.[291] Auch im vorliegenden Fall besteht die Unterscheidung zur ersten Variante darin, dass nicht zwei Verbindlichkeiten erlöschen, sondern durch die *cautio usufructuaria* eine Rückübereignungspflicht entseht und durch die Übereignung von barem Geld die Verpflichtung des Erben erlischt.

Das vierte Beispiel betrifft ebenfalls ein Legat, das den Erben verpflichtet, eine Sache zu verkaufen oder zu vermieten. Beim Tod des Erblassers erfüllt der Erbe die Bedingung und verkauft oder vermietet dem Vermächtnisnehmer eine Sache. Im Gegenzug leistet der Vermächtnisnehmer aus Kauf oder Miete das Geschuldete. Anders ausgedrückt erfüllt der Erbe seine Verpflichtung, indem er sich neu verpflichtet. Wie im vorangehenden Fall erlischt eine Verbindlichkeit und eine neue entsteht.

Alle vier Beispiele dienen Marcian zur teilweisen Bestätigung seiner Aussage. Seine „Regel", dass durch eine Zahlung zwei Verbindlichkeiten aufgehoben werden können, wird jedoch nicht durch die Beispiele untermauert, da diese nur bestätigen, dass durch eine Zahlung eine Verbindlichkeit aufgehoben wird und eine neue ensteht. Dabei sind seine Beispiele teilweise kontraproduktiv, insoweit sie belegen, dass seine Regel nicht immer funktioniert. Man könnte sagen, dass Marcian nicht eine verbindliche Regel bildet, die für alle Fälle gelten soll, sondern eine Beobachtung beim Abschluss von Rechtsverhältnissen schildert. Zwar scheint es zunächst, dass Marcian durch *„In numerationibus aliquando evenit ut una numeratione duae obligationes tollantur uno momento"* einen Merksatz aufstellen will, durch die Schilderung der Grenzfälle[292] verliert jedoch der Merksatz

---

290 KASER, Das Römische Privatrecht, S. 451.

291 Vgl. SCHLOSSMANN, ZRG rom. Abt. 29 (1908), S. 318.

292 KNÜTEL, in: Liber Amicorum Juan Miquel, S. 530.

an der Wiederholbarkeit und der Übertragbarkeit und somit auch seinen potentiellen generellen Geltungsbereich, weshalb von keiner Regel im Sinne des Kriterienkatalogs auszugehen ist.

2.8. Definition des Exils

Marcianus libro primo regularum, (Pal. 222), D. 48.22.5

Exilium triplex est: aut certorum locorum interdictio, aut lata fuga, ut omnium locorum interdicatur praeter certum locum, aut insulae vinculum, id est relegatio in insulam.

Das Exil ist dreifacher Art: entweder das Verbot bestimmter Orte, oder die weite Verweisung, sodass alle Orte, ausser einem bestimmten, verboten werden, oder die Anweisung des Aufenthalts auf einer Insel, d.h. das Exil auf einer Insel.[293]

Marcian bildet eine Dreiteilung des Exils: 1. Das Verbot, bestimmte Orte zu betreten. 2. Die Verweisung (alle Orte ausser einem werden verboten). 3. Das Exil auf einer Insel.

Gemäss Marcian scheinen nur diese drei Interpretationsmöglichkeiten der Deutung des Exils gegeben zu sein. Der Geltungsbereich ist sehr weit, da alle Exil-Fälle darunter subsumiert werden können. Zwar enthält das Fragment keine Begründung, es kann jedoch trotzdem klar von einer Regel in Form einer Definition ausgegangen werden.

3. Ergebnis

In D. 29.7.7 äussert sich Marcian zum massgeblichen Zeitpunkt für die Bestimmung der Wirksamkeit eines Kodizills. Dabei bestimmt er als massgeblichen Zeitpunkt denjenigen der Abfassung und untermauert seine Aussage durch Beispiele. Das Fragment ist zu wenig allgemein gehalten, als dass von einer Regel gesprochen werden kann. Ebenfalls kann in D. 46.3.44 nicht von einer Regel gesprochen werden, da Marcian von einer Beobachtung spricht und seiner „Regel" zu viele Ausnahmen entgegensetzt.

Im Gegenteil ergibt die Untersuchung der Stelle D. 22.1.32pr.–5 klar die Aufstellung der Regel, dass der Verzug an der Person des Schuldners hafte und somit subjektiv sei. Marcian schildert dann verschiedene Beispiele, in denen er diese Regel auf den Prüfstand stellt und immer zum gleichen Ergebnis kommt.

Bei D. 15.1.40 erscheint die Regel dank des Vergleichs zum Menschen überzeugender und plausibler. Marcian stellt in diesem Fragment die mnemotechnische

293 Für die Übersetzung vgl. Fn. 99.

Regel auf, dass das Sondergut ein eigenes „Leben" hat und somit eine selbständige Einheit bildet. Das *peculium* ist selbständig, weil es eine vom Vermögen des Herrn abgegrenzte Einheit ist. Ausserdem ist das Sondergut eine selbständige Einheit, weil der Sklave als Bewirtschafter nicht über Entstehen, Bestehen und Untergang des Sonderguts entscheiden kann.

Den Definitionen in D. 1.8.8pr.-2, D. 4.8.51, D. 8.1.1 und D. 48.22.5 ist eindeutig Regelcharakter zuzusprechen. Aufgrund der Satzstruktur und der Kürze dienten sie wahrscheinlich einem didaktischen Zweck.

Bei der Betrachtung und Untersuchung der Regeln in Form von Merksätzen und Definitionen in Marcians *libri regularum* wird rasch ersichtlich, dass diese ein wichtiger Bestandteil des Werks sind. Von den acht vorgestellten Fragmenten können sechs Regelcharakter zugesprochen werden.

Hat man vorerst die Definition von der *regula* abgegrenzt, bedeutet dies nicht, dass eine *regula* nicht durch eine Definition ausgedrückt werden kann. Nach Aristoteles[294] ist eine Definition „eine Rede, die das Wesen anzeigt".[295] Nach Cicero ist die Definition „*…rerum earum, quae sunt eius propriae, quam definire volumus, brevis et circumscripta quaedam explicatio*"[296] (vgl. Marci. D. 1.8.8pr.–2; Marci. D. 22.1.32pr.). Allgemein wird eine Definition durch einen Satz aufgebaut, mit Hilfe dessen der zu definierende Begriff (*definiendum*) durch andere Begriffe (*definiens*) ausgedrückt wird, wobei eine Äquivalenz zwischen *definiendum* und *definiens* bestehen muss.[297] Weiter wird zwischen *divisiones* und *partitiones* unterschieden. Bei der *divisio* (griech. *diaíresis*) wird das einzuteilende Ganze als Gattung aufgefasst und nach Unterscheidungsmerkmalen in Arten, Unterarten etc. aufgeteilt (wie z.B. in der Zoologie).[298] Zu einer *divisio* gehören drei Elemente: ein einzuteilendes Ganzes, die Einteilungsglieder und ein

294 Coing, ZRG rom. Abt. 69 (1952), S. 29, erklärt, wie die römischen Juristen die Kunst der Definition, wie sie Aristoteles entwickelt hatte, übernehmen.

295 Aristoteles, Topik I 5, 102a.

296 Cicero, de oratore I, 189: „…eine kurze und bündige Erklärung der Dinge, die für das charakteristisch sind, was wir bestimmen wollen".

297 Bund, Juristische Logik und Argumentation, S. 22; vgl. D. 50.17.202, Iavolenus libro 11 epistularum: *Omnis definitio in iure civili periculosa est: parum est enim, ut non subverti posset;* jede Definition im Zivilrecht ist gefährlich, denn sie kann sehr leicht umgestossen werden; diese Stelle war Grundlage einiger Untersuchungen, die behaupteten, dass die römische Jurisprudenz dem Gebrauch von Definitionen abgeneigt sei: Martini, Le definizioni dei giuristi romani, S. 13 f.; Carcaterra, S. 1, 5, 26, 79, 184, 205.

298 Nörr, Divisio und Partitio, S. 21; Bund, Juristische Logik und Argumentation, S. 19.

Einteilungsgesichtspunkt. Bei der *partitio* (griech. *μερισμός*) teilt man einen Gegenstand in seine körperlichen Teile[299] (vgl. Marci. D. 8.1.1; Marci. D. 48.22.5).

Schon etymologisch sind aber Definitionen von den *regulae* zu unterscheiden.[300] Eine *definitio* ist eine Abgrenzung (*fines*), eine *regula* ist eine Verhaltensnorm. Die *definitio* kann per se keine Regel darstellen, jedoch kann eine Regel durch eine *definitio* formuliert werden.[301] Dass *definitio* und *regula* keine Synonyme sind, anerkannten schon die antiken Philosophen.[302] Nach Peter Stein gibt eine Definition einen summarischen Stand des Rechts an, welcher vergangene Praktiken aufzeigt, während eine *regula* einen gewissermassen normativen Charakter hat und somit auf die Zukunft gerichtet ist.[303] Finkenauer hingegen lehnt solche Typisierungen ab und weist auf den Einzelfallcharakter der Entscheidungen im römischen Recht hin, welcher sich auch auf die Frage der Normativität erstreckte.[304]

Bei der Vorgehensweise Marcians beim Gebrauch der Definitionen sind verschiedene Arten ersichtlich. Einerseits finden sich längere Begründungen und Anwendungsfälle der Definition bzw. des Merksatzes in D. 22.1.32pr.–5. Diese Vorgehensweise beruht darauf, dass bei einer unklaren und komplizierten Rechtslage, wie es der Schuldnerverzug war, die Aufstellung einer Regel zur Überzeugung begründet werden musste. Zudem muss festgehalten werden, dass bei der Aufstellung solcher Definitionen ein höherer Abstraktionsgrad notwendig ist[305], weshalb realitätsnahe *exempla* das Verständnis der Regel vereinfachen sollen.

---

299 Nörr, Divisio und Partitio, S. 21; Bund, Juristische Logik und Argumentation, S. 19.

300 Vgl. aber Behrens, ZRG rom. Abt. 75 (1958), S. 356, S. 360, der u.a. die Gemeinsamkeiten zwischen *regulae* und Definitonen untersucht.

301 Carcaterra, S. 24.

302 Vgl. Cic., Brutus, 41, 152: *hic Brutus: Ain tu? inquit. Etiamne Q. Scaevolae Servium nostrum anteponis? Sicenim, inquam, Brute, existimo, iuris civilis magnum usumet apud Scaevolam et apud multos fuisse, artem in hocuno; quod numquam effecisset ipsius iuris scientia, nisieam praeterea didicisset artem quae doceret rem universam tribuere in partis, latentem explicare definiendo, obscuram explanare interpretando, ambigua primum videre, deinde distinguere, postremo habere regulam qua vera et falsa iudicarentur et quae quibus propositis essent quaeque non essent consequentia.* Eine grundlegende Interpretation dieser Stelle findet sich in Waldstein, IURA XLIV (1993), S. 105–115.

303 Stein, BIDR 80 (1977), S. 66.

304 Finkenauer, Index 43 (2015), S. 16.

305 Vgl. Behrens, ZRG rom. Abt. 74 (1957), S. 353: Gemäss Behrens besassen die römischen Juristen ein Abstraktionsvermögen, jedoch fehlte es ihnen an einem Begriffs-Begriff (bzw. Oberbegriff), und dies hinderte sie direkt an einer aktiven Begriffsbildung.

Dritter Teil: Fragmente mit einem einleitenden *qui*

Ein weiterer möglicher Regeltyp, der zu prüfen ist, umfasst Fragmente, die mit einem *qui* beginnen. Relativsätze, die mit dem Pronomen „wer" eingeleitet werden, implizieren in der logischen Repräsentation das Prädikat und modifizieren das Subjekt, sodass die Bedingungen, unter welchen die entsprechende Norm zur Anwendung kommt, eingeschränkt werden.[306] Die Untersuchung der 68 Fragmente der *libri regularum* des Marcian ergab nur vier solche Fragmente. Im Unterschied zu den Fragmenten mit dem einleitenden *si* ist der Befund sehr gering. Trotzdem soll im Folgenden untersucht werden, ob Marcian mit dem einleitenden *qui* eine Regel aufstellen will. Die Reihenfolge der vorgelegten Stellen folgt jener in Lenels Palingenesie.

3.1. Die *integrum in restitutio* nach Abwesenheit im öffentlichen Interesse

> *Marcianus libro secundo regularum (Pal. 223), D. 4.6.46*
> *Qui rei publicae causa afuit, etiam adversus eum, qui pariter rei publicae causa afuerit, restituendus est, si aliquid damni iuste queritur.*
> Wer im öffentlichen Interesse abwesend war, wird sogar gegen den, der ebenfalls im öffentlichen Interesse abwesend war, in den vorherigen Stand wiedereingesetzt, wenn er zu Recht einen Schaden geltend macht.[307]

Marcian erläutert im vorliegenden Fragment einen Fall der *in integrum restitutio*. Bei einer prätorischen *in integrum restitutio* wurden prätorische Klagen gewährt mit dem Ziel, die bereits eingetretenen Wirkungen eines Fristablaufs wieder zu beseitigen. Dies waren Fälle, in denen der Kläger aufgrund eines äusseren Hindernisses (hier die Abwesenheit im öffentlichen Interesse[308]) an der Wahrung

306 Höfler/Bünzli, S. 10.

307 Für die Übersetzung vgl. Fn. 99.

308 Vgl. zum Eintritt des Schuldnerverzugs bei Abwesenheit im öffentlichen Interesse: D. 22.1.23pr. Ulpianus 34 ad edictum: *Sed et si rei publicae causa abesse subito coactus sit, ut defensionem sui mandare non possit, moram facere non videbitur: sive in vinculis hostiumve potestate esse coeperit.* Aber auch wenn jemand so plötzlich gezwungen ist, in Staatsgeschäften abzureisen, dass er keinen anderen mehr mit seiner Verteidigung beauftragen konnte, gerät er ersichtlich nicht in Verzug; oder wenn er sich in Fesseln oder in Kriegsgefangenschaft befindet.

oder Geltendmachung eines Rechts gehindert war und deshalb seine Klage bereits verjährt ist oder seine Sache bereits ersessen wurde.[309]

Marcian präzisiert diese Regelung insofern weiter, als er es genügen lässt, dass der Kläger rechtmässig einen Schaden geltend machen kann und es keine Rolle spielt, wenn etwa der Beklagte ebenfalls im öffentlichen Interesse abwesend war.

Die Verschachtelung durch die Präzisierungen Marcians lassen die Abstraktion des Fragments verblassen. Obwohl Marcian sich bemüht, den Sachverhalt möglichst abstrakt zu halten, scheint es sich doch um einen tatsächlich geschehenen Fall zu handeln. Die Präzisierung, dass der Beklagte auch im öffentlichen Interesse abwesend war, untermauert die Einzelfallartigkeit dieses Fragments. Eine Regel nach dem Kriterienkatalog liegt hier meiner Ansicht nach nicht vor.

3.2. Die Rückforderung des irrtümlich Geleisteten bei einer dauernder Einrede

Marcianus libro tertio regularum (Pal. 240), D. 12.6.40pr.-2

pr. Qui exceptionem perpetuam habet, solutum per errorem repetere potest: sed hoc non est perpetuum. Nam si quidem eius causa exceptio datur cum quo agitur, solutum repetere potest, ut accidit in senatus consulto de intercessionibus: ubi vero in odium eius cui debetur exceptio datur, perperam solutum non repetitur, veluti si filius familias contra Macedonianum mutuam pecuniam acceperit et pater familias factus solverit, non repetit. 1. Si pars domus, quae in diem per fideicommissum relicta est, arserit ante diem fideicommissi cedentem et eam heres sua impensa refecerit, deducendam esse impensam ex fideicommisso constat et, si sine deductione domum tradiderit, posse incerti condici, quasi plus debito dederit. 2. Si pactus fuerit patronus cum liberto, ne operae ab eo petantur, quidquid postea solutum fuerit a liberto, repeti potest.

Wer eine dauernde Einrede hat, kann das irrtümlich Geleistete zurückverlangen. Doch gilt dies nicht ausnahmslos. Wird die Einrede nämlich im Interesse des Gläubigers gewährt, kann das Geleistete zurückverlangt werden, wie es nach dem Senatusconsultum über Interzessionen der Fall ist. Wird die Einrede dagegen als Sanktion gegen den Gläubiger gewährt, kann das irrtümlich Geleistete nicht zurückverlangt werden. Wenn zum Beispiel ein Haussohn gegen das Verbot des Senatusconsultum Macedonianum ein Gelddarlehen empfangen und es (trotz Einredemöglichkeit) zurückgezahlt hat, nachdem er Hausvater geworden ist, kann er keine Rückgewähr verlangen. 1. Wenn ein Teil des Hauses, das zu einem bestimmten Termin als Fideikommiss hinterlassen worden ist, vor dem Anfalltermin des Fideikommisses abgebrannt ist und der Erbe es auf eigene Kosten wiederhergestellt hat, steht fest, dass dieser Aufwand vom Fideikommiss abzuziehen ist, und wenn er das Haus ohne Abzug übereignet hat, kann die Kondiktion mit unbestimmtem Gegenstand geltend gemacht werden, weil er mehr als geschuldet geleistet hat. 2. Wenn der Freilasser

309 Kaser, Das Römische Privatrecht, S. 248.

mit dem Freigelassenen vereinbart hat, dass keine Dienste von ihm gefordert werden, kann alles, was danach vom Freigelassenen geleistet wird, zurückverlangt werden.[310]

Ausgangspunkt ist die Aussage *Qui exceptionem perpetuam habet, solutum per errorem repetere potest.* Im Anschluss betont aber Marcian, dass dies nicht ausnahmslos gelte. Ausgehend von dieser Prämisse beschreibt er zwei Anwendungsbeispiele.[311] Beim ersten Beispiel be-tont Marcian, dass das Geleistete zurückverlangt werden kann, wenn die Einrede im Interesse des Gläubigers gewährt wird. Als Beispiel führt Marcian das *Senatusconsultum Velleianum* auf, wonach eine Frau dasjenige kondizieren konnte, was sie in Unkenntnis der Unwirksamkeit ihrer Verpflichtung geleistet hatte.[312] Hingegen könne das irrtümlich Geleistete nicht zurückverlangt werden, wenn die Einrede als Sanktion gegen den Gläubiger gewährt werde. Als Beispiel führt er den Fall auf, dass ein Haussohn gegen das Verbot des *Senatusconsultum Macedonianum* ein Gelddarlehen empfangen hat und es trotzdem zurückgezahlt hat. Er kann, nachdem er Hausvater geworden ist, trotzdem keine Rückgewähr verlangen.

Beim *Senatusconsultum* über die Interzessionen handelt es sich um das *Senatusconsultum Velleianum*[313], das Frauen schützen sollte, indem es ihnen verbot, bestimmte Verbindlichkeiten im Interesse Dritter einzugehen. Diese Geschäfte waren nach Zivilrecht gültig, konnten aber durch eine *exceptio* entkräftet werden. Wenn eine Frau nun in Unkenntnis dieser Rechtslage etwas zahlte oder sich in Unkenntnis verpflichtete, konnte sie das Geleistete vom Gläubiger kondizieren, da ihr die Einrede des *Senatumconsultum Velleianum* in ihrem eigenen Interesse eingeräumt wurde und nicht als Sanktion gegen den Gläubiger.

Das *Senatusconsultum Macedonianum* dagegen verbot Gelddarlehen an Haussöhne.[314] Dabei gewährte der Prätor die *exceptio SCti. Macedoniani*. Wenn

---

310 Für die Übersetzung vgl. Fn. 99.

311 Vgl. Pernice, Labeo 8 (1962), S. 365; Talamanca, Labeo 1 (1958), S. 100.

312 Medicus, Zur Geschichte des Senatus Consultum Velleianum, S. 30.

313 Paul. D. 16.1.1pr.: *Velleiano senatus consulto plenissime comprehensum est, ne pro ullo feminae intercederent*: im *Senatusconsultum Velleianum* ist in umfassender Weise bestimmt worden, dass Frauen für einen anderen (durch befreiende Übernahme oder durch Begründung einer Schuld, Interzession) nicht eintreten dürfen.

314 Ulp. D. 14.6.1pr.: *Verba senatus consulti Macedoniani haec sunt: „Cum inter ceteras sceleris causas Macedo, quas illi natura administrabat, etiam aes alienum adhibuisset, et saepe materiam peccandi malis moribus praestaret, qui pecuniam, ne quid amplius diceretur incertis nominibus crederet: placere, ne cui, qui filio familias mutuam pecuniam dedisset, etiam post mortem parentis eius, cuius in potestate fuisset, actio petitioque daretur, ut scirent, qui pessimo exemplo faenerarent, nullius posse filii familias bonum*

aber der Haussohn das Darlehen zurückgezahlt hat, nach dem er Hausvater geworden ist, kann er die Summe nicht mehr zurückfordern, weil eine *naturalis obligatio* angenommen wurde.[315] Zugrunde liegt also eine naturale Verbindlichkeit, die *causa retinendi* ist und die *condictio* entfallen lässt.[316]

In § 1 schildert Marcian den Fall, dass ein Teil des Hauses, das als Fideikommiss hinterlassen worden ist, vor dem Fälligkeitstermin für die Ausführung des Fideikommisses abgebrannt ist. Der Erbe hat es daraufhin auf eigene Kosten wieder aufgebaut. In diesen Fällen be stimmt Marcian, dass der Aufwand vom Fideikommiss abzuziehen sei und, falls dies nicht möglich sei, den Erben die *condictio incerti* gewährt werde.[317] Dieser Bestimmung liegt die Tatsache zugrunde, dass

---

nomen exspectata patris morte fieri". Das *Senatusconsultum Macedonianum* hat folgenden Wortlaut: „Da Macedo neben anderen Gründen für sein Verbrechen, die in seinem Charakter lagen, auch Schulden anführte und da die verwerfliche Sitte, Geld, und nicht mehr zu sagen, an unsichere Schuldner auszuleihen, schon oft Anlass zu Verbrechen gab, wird beschlossen: Niemandem, der einem Haussohn darlehensweise Geld gegeben hat, soll, insbesondere nicht nach dem Tod des Vaters, in dessen Hausgewalt der Sohn stand, eine persönliche oder eine sonstige Klage gewährt werden, damit diejenigen, die nach höchst verwerflichem Beispiel Geld gegen Zinsen ausleihen, wissen, dass keine gegen einen Haussohn gerichtete Forderung deswegen, weil man mit dem Tod des Hausvaters rechnen kann, eine gute Forderung wird".

315 Vgl. auch Pomp. D. 12.6.19pr.: *Si poenae causa eius cui debetur debitor liberatus est, naturalis obligatio manet et ideo solutum repeti non potest*; Wenn der Schuldner zur Bestrafung des Gläubigers von Gesetzes wegen befreit worden ist, bleibt doch eine Naturalobligation bestehen, und deshalb kann das Geleistete nicht zurückverlangt werden; Ulp. D. 14.6.9.4: *Et hi tamen, qui pro filio familias sine voluntate patris eius intercesserunt, solvendo non repetent: hoc enim et divus Hadrianus constituit et potest dici non repetituros. At quin perpetua exceptione tuti sunt: sed et ipse filius, et tamen non repetit, quia hi demum solutum non repetunt, qui ob poenam creditorum actione liberantur, non quoniam exonerare eos lex voluit:* doch auch diejenigen, die sich für einen Haussohn ohne Zustimmung seines Vaters verpflichtet haben, können das an den Gläubiger Gezahlte nicht zurückfordern; dies hat nämlich bereits der vergöttlichte Kaiser Hadrian durch kaiserliche Konstitution bestimmt, und somit lässt sich mit Sicherheit sagen, dass sie nicht zurückfordern können. Und doch sind sie (bevor sie geleistet haben) durch die dauernde Einrede geschützt. Aber das gilt auch für den Haussohn selbst. Er kann ungeachtet dessen (dass er Haussohn ist) nicht zurückfordern, weil in der Tat diejenigen das Gezahlte nicht zurückverlangen können, die nur um der Bestrafung ihrer Gläubiger willen von deren Klage verschont werden und nicht deswegen, weil das Gesetz sie von ihrer Verpflichtung befreien wollte.

316 Wunner, in: Gedächtnisschrift für Wolfgang Kunkel, S. 607.

317 Vgl. allgemein dazu: Heine, Condictio sine datione, Berlin 2006.

Aufwendungen kondizierbar sind, wenn sie dem Fideikommissar bei Erfüllung als ein Plus gegenüber dem Geschuldeten zuflossen.[318]

Bei diesem Beispiel liegt die irrtümliche Zahlung darin, dass der Erbe eigentlich von der Verpflichtung, das Haus zu übergeben, frei geworden ist, aber durch den Wiederaufbau des Hauses mehr geleistet hat, als geschuldet war. Wenn der Erbe das Haus wieder errichtet, erfüllt er eine „Nichtschuld“, weil dann die Erfüllung wieder möglich wird.

In § 2 gewährt Marcian einem Freigelassenen die *condictio indebiti*, wenn zwischen diesem und seinem Freilasser ein *pactum de non petendo* geschlossen worden ist. Der Schuldner hat bei einem solchen *pactum* die dauernde Einrede der *exceptio pacti conventi*. Im Ergebnis dient die in § 2 enthaltene Aussage als Bestätigung des allgemeinen Grundsatzes des *principium qui exceptionem perpetuam habet, solutum per errorem repetere potest*. Wenn die *exceptio perpetua* im *principium* als allgemeine Einrede geschildert wird, so konkretisiert sie Marcian in § 2 als *ne operae ab eo petantur*. Die Rückforderbarkeit der *operae* erscheint hier als selbstverständliche Folge des allgemeinen Grundsatzes.[319] Dabei bezieht sich *quidquid postea solutum fuerit* auf den Gegenwert in Geld.[320]

Mit den beiden *exempla* im *principium* begründet Marcian die Meinung, dass die Regel in Form des Merksatzes „Wer eine dauernde Einrede hat, kann das irrtümlich Geleistete zurückfordern“ nicht ausnahmslos gilt. Dabei unterscheidet er zwei Arten von Einreden: diejenigen, die im Interesse des Schuldners, und diejenigen, die als Sanktion gegen den Gläubiger gewährt werden. Am Ende des Fragments schildert Marcian einen weiteren Anwendungsfall. In diesem Fall wird die *condictio indebiti* gewährt. Somit gehört die *exceptio pacti* zu den Einreden, die im Interesse des Schuldners bestehen.

Aufgrund der hohen Abstraktion, des weiten Anwendungsbereichs und der einleuchtenden Begründung kann der Merksatz *„qui exceptionem perpetuam habet, solutum per errorem repetere potest“* als Regel im Sinne des Kriterienkatalogs qualifiziert werden.

Lenels Palingenesie fährt mit der Stelle D. 19.5.25 weiter, in der Marcian einen (scheinbaren) Widerspruch zu D. 12.6.40.2 vorführt. Die Stelle D. 19.5.25 enthält zwar eine Regel in der „wenn-dann“-Struktur, wird aber aufgrund der Verbindung zu D. 12.6.40.2 an dieser Stelle aufgeführt.

---

318 Vgl. auch die Exegese zu D. 8.2.35 in dieser Arbeit, Erster Teil, 2.

319 Die Interpolationsvermutungen von Lübtows, S. 58, wonach ein ursprüngliches *non* gestrichen worden sei, sind daher unbegründet.

320 Waldstein, Operae libertorum, S. 361; Pescani, S. 136 f.

Marcianus libro tertio regularum (Pal. 241), D. 19.5.25

Si operas fabriles quis servi vice mutua dedisset, ut totidem reciperet, posse eum praescriptis verbis agere, sicuti si paenulas dedisset, ut tunicas acciperet: nec esse hoc contrarium, quod, si per errorem operae indebitae datae sunt, ipsae repeti non possunt. Nam aliud dando, ut aliud reddatur, obligari iure gentium possumus: quod autem indebitum datur, aut ipsum repeti debet aut tantundem ex eodem genere, quorum neutro modo operae repeti possunt.

Wenn jemand handwerkliche Dienste seines Sklaven tauschweise zur Verfügung gestellt hat, um ebensoviele (anderer Art) zu erhalten, dann könne er mit einer *actio praescriptis* klagen, ebenso, wie wenn er Mäntel gegeben hätte, um Röcke zu erhalten. Dem stehe auch nicht entgegen, dass nicht geschuldete Dienste, die irrtümlich geleistet worden sind, nicht als solche zurückgefordert werden können. Denn wir können dadurch, dass wir das Eine hingeben, um das Andere zu bekommen, eine Verpflichtung nach *ius gentium* begründen. Wird dagegen etwas nicht Geschuldetes geleistet, so muss entweder dies selbst zurückgefordert werden oder ebensoviel aus derselben Gattung. Dienste aber können auf keine der beiden Arten zurückgefordert werden.[321]

Ausgangspunkt der vorliegenden Stelle sind die tauschweise geleisteten *operae fabriles* eines Sklaven mit der Vereinbarung, dass gleich viele (*operae fabriles*) zurückzugeben seien.[322] Der Rückgabeanspruch aus dem Tausch konnte mit einer *actio praescriptis verbis* geltend gemacht werden. Dabei konnten anstelle der hingegebenen *operae* auch andere *operae* in gleicher Zahl zurückgefordert werden. Als Beispiel führt Marcian in Analogie den Tausch von Mänteln gegen Röcke an.[323]

Marcian verneint in solchen Fällen ausserdem die Anwendbarkeit der Regel, dass irrtümlich geleistete, aber nicht geschuldetete Dienste nicht als solche zurückgefordert werden könnten, mit der Begründung, dass man sich nach *ius gentium* durch die Hingabe einer Sache zur Rückgabe einer anderen verpflichten würde. Er anerkennt somit den Grundsatz des *feci ut facias* als eine der Grundlagen für eine *actio civilis* mit *praescripta verba*.[324] Somit bestätigt Marcian, dass irrtümlich geleistete Dienste zwar nicht zurückgefordert werden können, dies jedoch nicht ausschliesse, dass eine Erfüllungsklage z.B. aus Tausch geltend gemacht werden könne.[325] Schliesslich erklärt Marcian, dass man bei der Leistung einer Nichtschuld entweder *ipsum* oder *tantundem ex eodem genere* zurückfordern

321 Für die Übersetzung vgl. Fn. 99.

322 Bei den *operae fabriles* handelte es sich um vertretbare Dienste, dies im Gegensatz zu den *operae officiales*, die auf die zwischen den beiden Beteiligten bestehende, individuelle Pflichtbindung beschränkt waren. Vgl. Waldstein, Operae libertorum, S. 360.

323 Vgl. die Ausführungen von Artner, S. 231.

324 Ders., S. 231; Gröschler, ZRG rom. Abt. 124 (2007), S. 543 f.

325 Artner, S. 231.

müsse. Bei Diensten seien aber diese beiden Arten von Rückforderung nicht möglich. Erstens fehle die Vereinbarung über eine Gegenleistung (sei es ein Dienst oder die Leistung einer Sache), was den Rückgabeanspruch *ipsum* ausschliesse. Zweitens könne in solchen Fällen auch kein *tantundem ex eodem genere* zurückgefordert werden, weil die erbrachten Leistungen höchstpersönlich seien und somit nicht in *natura* zurückgegeben werden könnten.[326] Eine erbrachte Leistung kann unmöglich als *tantundem* zurückgefordert werden.

Die Regel aus dieser Stelle scheint zu sein: *si operas fabriles quis servi vice mutua dedisset, ut totidem reciperet, posse eum praescriptis verbis agere.*

Als Einstieg dient Marcians Aussage, dass eine Vereinbarung mit dem Inhalt eines Tauschs von Dienstleistungen genau gleich behandelt werde wie ein Tausch von Röcken und Mänteln. Gegen den Schuldner müsse man mit der *actio praescriptis verbis* vorgehen.

Marcian verneint weiter die Regel, dass nicht geschuldete Dienste nicht als solche zurückgefordert werden können.[327] Marcian verneint diese Regel, weil im eingangs erwähnten Fall nicht von nicht geschuldeten Diensten, sondern von einem Tausch von Diensten die Rede ist. Somit sind die Dienste auf beiden Seiten geschuldet. Die Verbindlichkeit aus einer Tauschvereinbarung entsteht nach Marcian aus dem *ius gentium* (*aliud dando, ut aliud reddatur, obligari iure gentium possumus).* Zuletzt beschreibt Marcian, wie die *condictio indebiti* eine persönliche Klage auf *certam pecuniam dari* oder *aliam certam rem dari* war und die Dienste auf keine der beiden Arten zurückgefordert werden konnten.

In der inneren Struktur der vorliegenden Stelle scheint Marcians Gedankengang kohärent zu sein. Ein vermeintlicher Widerspruch entsteht bei der Gegenüberstellung von *si per errorem operae indebitae datae sunt, ipsae repeti non possunt* (D. 19.5.25) und *si pactus fuerit patronus cum liberto, ne operae ab eo petantur, quidquid postea solutum fuerit a liberto, repeti potest* (D. 12.6.40.2).

Während in der vorliegenden Stelle eine Rückforderung von nicht geleisteten Diensten *prima facie* nicht möglich scheint, gewährt Marcian in D. 12.6.40.2 in einem ähnlichen Fall die *condictio indebiti*. Diese Gegenüberstellung kann den Eindruck eines Widerspruchs erwecken. Dessen Auflösung ergibt sich daraus, dass Marcian nur eine Rückforderung in Geld gewährt und es ihm nur um die Berechnung der *condemnatio pecuniaria* geht. In D. 19.5.25 verdeutlicht er dies

---

326 Martini, Index 19 (1991), S. 481.

327 Masi Doria, ZRG rom. Abt. 110 (1993), S. 94, Fn. 52: Nach ihr bestätigt das Fragment die Unmöglichkeit einer Rückforderung irrtümlich geleisteter Dienste.

durch den Teilsatz *si per errorem operae indebitae datae sunt, ipsae repeti non possunt,* d.h., dass nicht geschuldete Dienste als solche nicht zurückgefordert werden können, und am Ende der Stelle, indem er sagt, dass Dienste nicht *tantundem ex eodem genere* zurückgefordert werden können (jedoch ihr Geldwert). Auch in D. 12.6.40.2 deutet der Ausdruck *solutum* auf den Gegenwert in Geld hin.[328] Somit geht es in beiden Fällen um die Berechnung der *comdenatio pecuniaria*, und der Widerspruch besteht nicht.

Der vermeintliche Widerspruch lässt die eigentliche Aussage dieses Fragments in den Hintergrund treten, obwohl deren Begründung wesentliche Punkte zur Argumentation Marcians beiträgt.

Mit dem Vergleich zwischen den beiden Tauscharten lässt sich die Argumentationsweise in dieser Stelle als Sonderform der Induktion beschreiben. Das Beispiel mit dem Tausch von Mänteln und Röcken hat eine illustrative Wirkung für den Problemfall. Ein Grund für dieses Vorgehen könnte die durchaus unklare Rechtslage hinsichtlich der Rückforderung von Diensten sein.

Weiter beruft sich Marcian bei der Begründung seiner Regel auf das *ius gentium*. Eine erste Erklärung könnte darin liegen, dass das *ius gentium* allgemein die Grundlage der *actio praescriptis verbis* ist. Auf das *ius gentium* berief man sich zudem, um Angaben über die Geltung bestimmter dem *ius gentium* zugehörender Rechtssätze zu machen.[329] Schliesslich könnte, was vorliegend vermutlich der Fall ist, das *ius gentium* die Funktion gehabt haben, die Enge des eigenen Rechts zu überwinden.

Im Ergebnis konzentriert sich Marcian in seiner Darstellung darauf, die Regel durch eine doppelte Argumentationstechnik zu begründen, was wieder auf eine unklare Rechtslage hindeutet. Ein Merksatz lässt sich diesem Fragment nicht entnehmen, da es als Weiterführung des Vorangehenden gilt.

3.3. Die Erlangung der *orcinischen* Freiheit

Marcianus libro quinto regularum (Pal. 282), D. 40.8.5

Qui ob necem detectam domini praemium libertatis consequitur, fit orcinus libertus.

---

328 Zur Rückforderung von Diensten vgl. Waldstein, Operae libertorum, S. 363–370; Babusiaux, in: Dogmengeschichte und Historische Individualität der römischen Juristen, S. 403; Masi Doria, ZRG rom Abt. 110 (1993), S. 91–97; Pescani, S. 135; Kaden, ZRG rom. Abt. 71 (1954), S. 577; Betti, BIDR XXVIII (1915), S. 81; Plisecka, S. 193 f.

329 Mayer-Maly, IURA 34 (1983), S. 91, S. 97; Kaser, Ius gentium, S. 155 f.

Wer wegen der entdeckten Ermordung seines Herrn zur Belohnung die Freiheit erlangt, wird ein orcinischer Freigelassener.[330]

Das Fragment sagt, dass ein Sklave, der aufgrund der entdeckten Ermordung seines Herrn die Freiheit erlangt, orcinischer Freigelassener wird.[331] Dasselbe wird auch im Fragment des Juristen Paulus D. 38.2.4pr. bestätigt.[332] Während aber bei Marcian der Sklave ein orcinischer Freigelassener wird[333], spricht Paulus von einem *libertus nullius*[334]. Im Widerspruch zu den beiden Stellen steht Ulp. D. 38.16.3.4, wonach der Sklave Freigelassener des gesetzlichen Erben des ermordeten Herrn wird.[335]

---

330 Für die Übersetzung vgl. Fn. 99.

331 Während Signorini, Adsignare libertum, S. 212, die Quelle dieses Fragments in einem *Senatusconsultum Silanianum* vermutet, weist Kaser, Das römische Privatrecht, S. 299, diesbezüglich auf ein *Senatusconsultum Ostorianum* hin.

332 Paul. D. 38.2.4pr.: *Si necem domini detexerit servus, praetor statuere solet, ut liber sit: et constat eum quasi ex senatus consulto libertatem consecutum nullius esse libertum.* Wenn ein Sklave die Ermordung seines Herrn entdeckt hat, so verfügt der Prätor in der Regel, er solle frei sein, und es steht fest, dass er so betrachtet wird, als habe er die Freiheit aus dem Senatsbeschluss erlangt und Freigelassener von Niemandem sei.

333 Dabei erlangte der Sklave die Freiheit unmittelbar vom Erblasser. Für den Freigelassenen hatte diese Form den Vorteil, dass er grundsäzlich keine Tagewerke zu leisten brauchte, Kaser/Knütel/Lohsse, S. 109.

334 Ein *libertus nullius* hatte die gleiche Stellung wie Sklaven, die die Freiheit ohne eine formelle Freilassung (*manumissio*), sondern durch prätorisches Dekret erlangt hatten, Signorini, S. 212.

335 Ulp. D. 38.16.3.4: *Quid si necem domini detexit et ex senatus consulto libertatem meruerit? si quidem adsignavit praetor, cuius libertus sit, sine dubio eius erit et ei legitima hereditas deferetur: quod si non addidit, efficietur quidem civis Romanus, sed eius erit libertus, cuius proxime fuerit servus et ad legitimam hereditatem ipse admittetur, nisi sicubi quasi indigno deneganda fuerit hereditas.* Was wenn ein Sklave die Ermordung seines Herrn entdeckt und dadurch nach dem Senatsbeschluss die Freiheit erlangt? Wenn ihn der Prätor jemandem angewiesen hat, dessen Freigelassener er sein solle, wird er dessen ohne Zweifel sein, und ihm die gesetzmässige Erbschaft anfallen: hat er dies aber nicht getan, so wird er römischer Bürger, aber Freigelassener dessen sein, dessen Sklave er zunächst war, und jener selbst zur gesetzmässigen Erbschaft zugelassen, sobald ihm dieselbe nicht als einem Unwürdigen abgeschlagen werden muss; vgl. zum Widerspruch: Signorini, S. 212–214; Giménez-Candela, in: Fides Humanitas Ius, Studii in onore di Luigi Labruna, IV, S. 2264–2269, die die Einführung einer in D. 38.16.3.4 vorkommenen *adsignatio* durch den Prätor den Kompilatoren zuschreiben. Das ist aber nicht überzeugend. Vielmehr kann davon ausgegangen werden, dass der Sklave in solchen Situationen orcinischer Freigelassener (Marcian) oder *libertus*

Das *qui* bezieht sich im vorliegenden Fragment nur auf Sklaven und hat bereits deshalb nur einen eingeschränkten Anwendungsbereich. Zudem liegt der Schwerpunkt in Marcians Fragment eher in der Erläuterung der Art der Freilassung und ihrer statusrechtlichen Rechtsfolge für den Freigelassenen, nicht aber in der Aufstellung einer Regel. Sodann fehlt eine Begründung. Diesem Fragment ist somit keine Regel im Sinne des Kriterienkatalogs zu entnehmen.

3.4. Separationsrecht trotz Klageerhebung

Marcianus libro secundo regularum (Pal. 233), D. 42.6.7

Qui iudicium dictaverunt heredi, separationem quasi hereditarii possunt impetrare, quia ex necessitate hoc fecerunt.

Gläubiger, welche gegen den Erben vor Gericht vorgegangen sind, können dessen ungeachtet noch als Erbschaftsgläubiger die Sonderung erwirken, weil sie solches notgedrungen getan haben.[336]

Marcian erläutert in diesem Fragment die rechtliche Situation der Erbschaftsgläubiger, welche zur Verfolgung ihrer Ansprüche gegen die Erben prozessual vorgehen müssen. Sie büssen dabei ihr Recht auf die *separatio bonorum* (Separationsrecht) nicht ein, mit der sie eine Scheidung von Nachlass und Erbenvermögen bewirken konnten, so dass sich die Nachlassgläubiger nur an den Nachlass und die Erbschaftsgläubiger nur an das Erbenvermögen halten konnten.[337] Dabei schliesst die Erwähnung der *necessitas* den freien Willen zum *heredem sequi* aus.[338]

Das einleitende *qui* bezieht sich vorliegend zwar nur auf Erbschaftsgläubiger, doch kann die geschilderte Situation auf unzählige Fälle des Erbrechts angewandt werden, in denen die Gläubiger gegen die Erben gerichtlich vorgehen mussten, weshalb die Wiederholbarkeit und Übertragbarkeit bejaht werden kann. Zudem enthält das Fragment eine einleuchtende Begründung. Die Regelhaftigkeit dieses Fragments kann durchaus bejaht werden. Es zeigt exemplarisch eine Einschränkung auf einen bestimmten Personenkreis und dessen Rechte.

---

nullius (Paulus) wurde, es sei denn, der *dominus* hatte bereits zu Lebzeiten bestimmt, dass eine *adsignatio* durch den Prätor zu erfolgen habe (vgl. Ulp. D. 38.4.1pr.).

336 Für die Übersetzung vgl. Fn. 99.

337 Kaser, Das Römische Privatrecht, S. 733.

338 Apathy, Animus novandi, S. 121.

Ergebnis

In D. 4.6.46 schildert Marcian die Möglichkeit, bei Abwesenheit im öffentlichen Interesse dem Kläger die Wiedereinsetzung in den vorherigen Stand zu gewähren, auch wenn der Beklagte ebenfalls im öffentlichen Interesse abwesend war.

In D. 12.6.40.2 kann der Sklave die irrtümlich geleisteten *operae* als Schadenersatz in Geldform (mittels *condemnatio pecuaniaria*) zurückverlangen aufgrund des vorliegenden *pactum de non petendo*. Marcian nimmt so Bezug auf den allgemeinen Grundsatz des *principium*, nachdem, wer eine dauernde Einrede hat, das irrtümlich Geleistete zurückverlangen kann. In D. 19.5.25 stellt Marcian die Regel auf, dass bei einem Tauschverhältnis – unabhängig davon, ob es sich um eine Geldleistung oder um einen Dienst handelt – die *actio praescriptis verbis* (*do, ut des; do, ut facias; facio, ut des; facio, ut facias*) geltend gemacht werden kann. Problematisch ist dies bei den *operae*, weil diese wegen des Grundsatzes der Höchstpersönlichkeit nicht zurückgefordert werden können. In diesen Fällen kommt die *condemnatio pecuniaria* zur Anwendung, somit eine Art Schadenersatz in Geld für das Geleiste.

D. 40.8.5 beschreibt den Fall der Freilassung eines Sklaven, der die Ermordung seines Herrn entdeckt hat.

In D. 42.6.7 verliert der Erbschaftsgläubiger sein Separationsrecht nicht, obwohl er notgedrungen gegen den Erben prozessual vorgehen musste.

Von den fünf dargelegten Fragmenten konnte in D. 12.6.40.2 und D. 42.6.7 eine Regel bejaht werden. Bereits aufgrund der geringen Anzahl der Fragmente mit einem einleitenden *qui* kann eine Regelbildung durch das einleitende *qui* in Marcians *libri regularum* grundsätzlich verneint werden. Dass die Regel in D. 42.6.7 und der Merksatz in D. 12.6.40.2 mit *qui* beginnen, scheint eher ein Zufall zu sein.

Vierter Teil: Ergebnisse und Folgerungen

1. Zum Titel *libri regularum*

Bevor allgemeine Rückschlüsse zur Literaturgattung[339] der *libri regularum* gezogen werden können, muss bedacht werden, dass die Regeln stets überdacht und korrigiert wurden und dass sie sich an der Entwicklung der Kasuistik orientierten. Sie waren somit kein Mittel der Rechtssetzung, sondern der Rechtsfindung. Die Regel hat im *ius* ihren Ursprung.[340]

Weiter muss man die Tatsache beachten, dass die *libri regularum* keine Uniformität[341] aufweisen, weder in der Struktur noch im Charakter. Jeder Jurist hatte anscheinend eine individuelle Vorstellung vom Gebrauch der *regulae* im Rechtsleben.[342] Daraus folgt, dass – anders als bei den anderen Literaturgattungen wie den *responsa, quaestiones* oder *digesta* – bei den *libri regularum* nicht von einer einheitlichen Literaturgattung gesprochen werden kann. Die vorhandenen Gemeinsamkeiten erlauben es auch nicht, einen gemeinsamen Nenner zu finden. Ebenfalls muss bedacht werden, dass aus den oben genannten Gründen der Begriff *regula* nicht als einheitlicher Grundbegriff der Romanistik mit einer eindeutigen Bedeutung aufgefasst werden kann.[343]

Unter Beachtung aller Prämissen konnte die vorliegende Untersuchung aufzeigen, dass es sich bei Marcians *libri regularum* um die Nennung von Verhaltensweisen beziehungsweise Rechtssituationen handelt, die oft aus der regelmässig gleichen rechtlichen Interpretation von gesellschaftlichem Handeln herrührten. Diese Verhaltensweisen können dank dem Zitieren älterer Juristen oder Kaiser sowie weiteren Elementen wie der Natur, der Moral oder der Ethik und selbstverständlich der Dialektik an Überzeugungskraft gewinnen.[344] Die Kasuistik und die daraus entstandenen *exempla* dienen der Veranschaulichung und der weiteren Überzeugungskraft.[345] Daraus entstehen auch etliche Definitionen, die dem

---

339 Vgl. MANTOVANI, Critique 864 (2019), S. 446.

340 SCHMIDLIN, Die römischen Rechtsregeln, S. 162.

341 Vgl. BEHRENDS, Index 12 (1983–1984), S. 210, der davon abrät, mit der Grundannahme des römischen Rechts als „Einheit“ zu forschen.

342 DE GIOVANNI, S. 114.

343 BEHRENDS, Index 24 (1996), S. 1–3, S. 58.

344 COING, ZRG rom. Abt. 69 (1952), S. 59: Die Übernahme philosophischer Theorien diente wesentlich dazu, ein einheitliches Verständnis der Entscheidungen zu ermöglichen.

345 Vgl. GALLO, in: Opuscula selecta, S. 930. Gemäss GALLO wendeten die römischen Juristen die Analogie auch als kreative Methode an, um neue Lösungen zu finden.

Systematik- und Ordnungswunsch Marcians entsprechen (vgl. D. 1.8.8pr.–2, D. 8.1.1 und D. 48.22.5), der wegen seines übermässigen Gebrauchs von Definitionen und Wenn-dann-Regeln gegenüber anderen Juristen klar heraussticht.

Die vorliegenden Exegesen haben sodann gezeigt, wie Marcian nicht neue Rechtsprinzipien und Regeln aufgestellt, sondern bereits bestehende genannt (vgl. D. 18.1.45 und D. 21.1.52) oder auf den Prüfstand gestellt (vgl. D. 22.1.32pr.–5 und D. 46.3.46pr.–2) und zuweilen auch erweitert hat (vgl. D. 8.2.35, D. 36.1.35 und D. 39.6.26). Zudem hat er meist eine bestimmte Regel an Beispielen durchgespielt, um Alternativen zu ermitteln. Ein solches Verfahren hat sowohl eine rationale als auch eine intuitive Seite.[346] Die Intuition besteht darin, dass der Jurist die Probleme erkennt und die Zusammenhänge aufdeckt. Die Rationalität zeigt sich in der sachlichen Begründung des Juristen.[347]

Weiter konnte die Arbeit aufzeigen, wie Marcians *libri regularum* Regeln unterschiedlichen Abstraktionsgrades aufweisen. Auch eine konkrete Sachverhaltsbeschreibung kann aufgrund der Möglichkeit ihrer Wiederholbarkeit als Regel gelten. Dies weist auf Ähnlichkeiten mit den Ediktskommentaren hin.

Der Umstand, dass in dieser Arbeit manchen Stellen Regelcharakter zugeschrieben wurde und anderen nicht, deutet darauf hin, dass die modernen Kriterien zur Bestimmung einer Regel nicht für das Verständnis einer *regula* durch die Juristen der Antike galten. Beispielsweise finden sich in Marcians *libri regularum* auch solche Stellen, denen in dieser Arbeit kein Regelcharakter zugeschrieben wurde. Daraus kann man schliessen, dass der *regula*-Begriff in der Antike elastischer war als heute. Insbesondere dachten die römischen Juristen im Gegensatz zum modernen Verständnis einer Regel deren Ausnahmen gleich mit, was die antike Regel in die Nähe des deutschen Begriffs „Grundsatz“ rückt. Bei den *libri regularum* von Marcian handelt es sich somit um eine Sammlung von Grundsätzen.

2. Zur Argumentation

Meist weist Marcian mit Formulierungen wie *evenit* (D. 46.3.44), *quaedam sunt* (D. 34.5.15), *plerisque placet* (D. 44.4.10), *quidam non putabant* (D. 28.5.52pr.–1),

---

Auch Horak, in: Festschrift für Max Kaser, S. 32, spricht von kreativen und schöpferischen Fähigkeiten der römischen Juristen.

346 Knütel, in: Liber Amicorum Juan Miquel, S. 554.

347 Knütel, in: Liber Amicorum Juan Miquel, S. 554; vgl. auch die Unterscheidung zwischen „Entdeckungszusammenhang“ und „Begründungszusammenhang“ bei Horak, Rationes decidendi, S. 17 f.

sunt qui putant (D. 40.2.14) auf die Beobachtung und Interpretation solcher Verhaltensregelmässigkeiten hin. In D. 8.5.19 stellt er durch *non est aequum* selbst ein Werturteil auf.[348] Er bildet somit allgemeine Regeln des Geschehens anhand beobachteter und interpretierter Regelmässigkeiten.[349] Meines Erachtens ist Marcians Bestreben erkennbar, die früh- und hochklassische Tradition aufzuzeigen, daran anzuknüpfen und damit die Fortentwicklung einer Regel sicherzustellen. Zusammenfassend beschränkt sich Marcian nicht auf eine knappe Schilderung der Regeln, sondern führt auch Anwendungsbeispiele für diese an.

Allen Stellen, die Zitate von Kaiserkonstitutionen enthalten, ist gemeinsam, dass sie – abgesehen von kleinen Ausnahmen – meist keiner weiteren Argumentationsmittel bedurften. Der Grund dafür könnte darin liegen, dass die Entscheidungen des Kaisers nach Marcian keiner weiteren Überzeugungsmittel bedurften, da sie schon von ihrem Ursprung her genügende Überzeugungskraft in sich trugen. Die Kaiserentscheidung wird somit im Zuge der Erörterung als Mittel und gleichzeitig Gegenstand der Argumentation eingesetzt. Sie wird von Marcian niemals kritisiert oder korrigiert.

Welchen Zweck Marcian mit diesen Stellen verfolgte, ist unklar. Festzuhalten ist, dass sie oft keine Begründung enthalten. Somit ging es dem Juristen wahrscheinlich weniger um eine Prüfung dieser Stellen. Vielmehr wollte er vermutlich die Anwendung dieser Rechtsprobleme aufzeigen, oder die Kaiserkonstitutionen dienten nur zur Bestätigung einer ohnehin unstreitigen Rechtslage. Die Verwendung eines Kaiserzitats bezweckte wahrscheinlich die höhere Überzeugungskraft der Stelle.

3. Werkgeschichtliche Schlussfolgerungen

3.1. Die *libri regularum* als Unterrichtswerk?

Eine besondere didaktische Absicht lässt sich in den *libri regularum* zwar *prima facie* nicht entdecken. Der Aufbau ist wohl aufgrund der Schwierigkeit der aufgegriffenen rechtlichen Themen nicht auf die Bedürfnisse lernender Anfänger-Juristen abgestimmt.[350] Stein meint daher, dass diese Schriften für die römische

348 Diese Formulierungen können weiter unterschieden werden nach solchen, die ein Werturteil enthalten (*non est aequum*), solchen, die sich auf die Meinung anderer abstützen (*sunt qui putant, quidam non putabant, plerisque placet*), und nach solchen, die schlicht ein Vorhandensein ausdrücken (*evenit, quaedam sunt*).

349 Vgl. Hopf, Zeitschrift für Soziologie (April 1991), S. 136; Giaro, Römische Rechtswahrheiten, S. 409, spricht von „einer einfachen Beobachtung juristischer Meinungsbildung, die innerhalb der Interpretengemeinschaft stattfindet".

350 Schmidlin, Die römischen Rechtsregeln, S. 127.

Reichsverwaltung, die Bedarf nach kurz gefassten Leitfäden und Leitsätzen hatte[351], geschrieben worden seien.[352]

Für die Unterrichtseignung spräche nach SCHMIDLIN die Gleichzeitigkeit der Entstehung der *libri regularum* des Neraz und der Schulgemeinschaften der Prokulianer und Sabinianer[353], die er jedoch wegen des Fehlens eines festen Lehrplans und einer festen Schulliteratur wieder verneint.[354] Zudem fehlen den *libri regularum* ein systematisierender Leitfaden und eine Gliederung nach Sachgebieten.[355] Ob diese ursprünglich vorhanden waren, ist heute nicht mehr eruierbar.

Die vorliegende Untersuchung konnte belegen, wie Marcian vor allem durch dialektische Argumente, den Verweis auf naturalistische Elemente sowie den Aufbau von Definitionen und Bedingungen auch zu unklaren Rechtskonstellationen eine Lösung darlegen kann.

Diese argumentativen Elemente könnten durchaus einen didaktischen Zweck verfolgen.[356] Auch bei der Bejahung des Unterrichtszwecks wäre jedoch die Eignung als Unterrichtswerk nur für Juristen in einem weiteren Stadium ihres Studiums zu orten. Für diese These spräche auch die Tatsache, dass Marcian seine Lösungen durch weitere *exempla* untermauert oder die Studenten durch *exempla* an die Lösung heranführt.[357]

Ein weiteres Element, das den Gebrauch als Unterrichtswerk bestätigt, bildet der Aufbau von Marcians Stellen. Diese beginnen oft mit der Regel, um sie im Folgenden an weiteren Anwendungsfällen zu prüfen.

Nach neueren Untersuchungen ist jedoch der Dualismus zwischen Rechtstheorie und Rechtspraxis im römischen Recht nicht mehr so streng anzunehmen wie bis anhin.[358] Juristische Schriften, die aus der Reichskanzlei stammten, konnten auch als juristische Lehrwerke ihren Zweck erfüllen. Somit ist die Ansicht,

---

351 DERS., Die römischen Rechtsregeln, S. 128.

352 STEIN, Regulae iuris, S. 88.

353 SCHMIDLIN, Die römischen Rechtsregeln, S. 122.

354 DERS., Die römischen Rechtsregeln, S. 127.

355 DERS., Die römischen Rechtsregeln, S. 127.

356 Vgl. FINKENAUER, Le reguale iuris come strumenti mnemotecnici, S. 19 f.

357 Vgl. COING, ZRG rom. Abt. 69 (1952), S. 36: Gemäss COING war es vor allem der juristische Unterricht, der die griechische Philosophie mit dem römischen Recht verbunden hat. Diese These spricht für die Einordnung der *libri regularum* unter die Unterrichtswerke.

358 MANTOVANI, in: Interpretare il Digesto, S. 107, S. 109, S. 111.

dass ein Werk nicht als didaktisches Werk benutzt werden konnte, solange es aus der Rechtspraxis stammte, zu relativieren.

3.2. Mögliche Adressaten

Die Schule[359], die Praxis und die Wissenschaft wurden bisher häufig als Adressaten von Marcians *libri regularum* genannt.[360] Gemäss LIEBS waren hellenistisch gebildete Studenten des römischen Rechts das Zielpublikum.[361]

Akzeptiert man die didaktische Absicht der *libri regularum* als Unterrichtswerk, waren sie wahrscheinlich an ein fortgeschrittenes Publikum gerichtet. Es muss sich dementsprechend um Studenten in einem weiteren Stadium ihres juristischen Studiums gehandelt haben. Ein Grund, weshalb sich gemäss LIEBS die *libri regularum* nur an hellenistisch gebildete Studenten gerichtet haben sollen, ist nicht ersichtlich. Bei dieser Ansicht soll auch an die sprachliche Schwierigkeit gedacht werden, welche hellenistische Studenten mit dem Gebrauch der lateinischen Texte vermutlich hatten.[362]

Tatsache ist, dass die rechtlichen Unterschiede zwischen Rom und den Provinzen ab dem 3. Jahrhundert n.Chr. vor allem durch die Gewährung des römischen Bürgerrechts an alle freien Bewohner durch die *Constitutio Antoniniana* im Jahr 212 n.Chr. allmählich verschwanden und das römische Recht eine weitere Ausdehnung in den Provinzen fand.[363] Die genaue Auswirkung der *Constitutio Antoniniana* ist jedoch nicht unumstritten. Vor allem auf der rechtlichen Ebene ist nicht ganz geklärt, ob die lokalen Rechte neben dem Reichsrecht parallel Geltung hatten oder ob die lokalen Rechte nur aus Gewohnheit weiterbeachtet wurden. Vermutlich fand in den Provinzen – trotz des Vorrangs des römischen *ius civile* – eine allmähliche Verschmelzung zwischen lokalen Rechten und dem Reichsrecht statt. Dabei handelte es sich um einen Prozess, der vermutlich bereits vor der *Constitutio Antoniana* seinen Anfang genommen hatte. Das römische Recht hatte in den Provinzen eine

---

359 Vgl. BEHRENS, ZRG rom. Abt. 75 (1958), S. 361: Gemäss BEHRENS dienten *regulae* der juristischen Schulung und der philosophischen Bildung.

360 NÖRR, ZRG rom. Abt. 89 (1972), S. 90.

361 LIEBS, ZRG rom. Abt. 128 (2011), S. 62.

362 ALTMANN, SDHI 21 (1955), S. 68–71; VOLTERRA, S. 581–604; MASIELLO, I libri excusationum di Erennio Modestino, S. 9 und S. 22; MASIELLO, in: Studi Sanfilippo, S. 433–450; RÖHLE, ZRG rom. Abt. 103 (1986), S. 457.

363 VITTINGHOFF, ZRG rom. Abt. 68 (1951), S. 454 und S. 473; CHASTAGNOL, MEFRA 93 (1981), S. 398.

enorm attraktive Kraft, weshalb es mehrheitlich gelehrt wurde und gelernt werden wollte.[364]

Typisch und hilfreich für die Studenten erscheinen vor allem jene Stellen zu sein, in denen Marcian mit dem naturalistischen Argument arbeitet. Ebenfalls didaktisch einleuchtend ist das Argument der Rechtsbegründung durch Übung. Zu einem didaktischen Zweck dienen auch die Stellen, die eine Bedingung mit dem einleitenden „*si*" aufstellen oder einen Merksatz im Sinne einer Metapher enthalten (z.B. D. 15.1.40pr.–1), welche durch ihre Kürze und „nüchterne Eleganz"[365] herausstechen (z.B. D. 8.1.1). Es scheint, als ob diese Struktur dazu diesen sollte, die Einprägsamkeit der Grundsätze zu erleichtern. Marcian prüft dabei manchmal diese Bedingungen oder Merksätze und kommt zu unterschiedlichen Lösungen. Dies können Verweise auf die Methodik sein, die in der Praxis anzutreffen war und die an die jungen Juristen weiterzuvermitteln war.

Aelius Marcianus stellt in seinen *regulae* zwar keine bahnbrechenden Erkenntnisse auf, doch sticht in den längeren Digestenstellen eine detaillierte Herleitung und Begründung heraus. Für seine Leser stellt er in diesen Stellen nachvollziehbare Lösungen auf, die jedoch in dogmatischer Hinsicht aufgrund der Tiefgründigkeit und Komplexität meines Erachtens eine juristische Grundausbildung voraussetzten.

---

364 Corbo, S. 51.
365 Mantovani, Critique 864 (2019), S. 446.

Abkürzungsverzeichnis

Abs.	Absatz
a.M.	anderer Meinung
Anm.	Anmerkung
ANRW	Aufstieg und Niedergang der römischen Welt (Berlin, New York)
Art.	Artikel
Aufl.	Auflage
Bd.	Band
Bde.	Bände
BGB	Bürgerliches Gesetzbuch der Bundesrepublik Deutschland
BIDR	Bullettino dell'Istituto di diritto romano (Roma)
bspw.	beispielsweise
bzgl.	bezüglich
bzw.	beziehungsweise
C.	Codex Iustinianus
ca.	circa
Cel.	Celsus
D.	Digesten
Diss.	Dissertation
d.h.	das heisst
E.	Erwägung
f./ff.	folgend/e
Fn.	Fussnote
Gai.	Gaii institutiones, Gaius
Hrsg.	Herausgeber
ibid.	ibidem
i.c.	in casu (in diesem Falle)
i.d.R.	in der Regel
Imp.	Imperator (Kaiser)
INDEX	Quaderni camerti di studi romanistici (Napoli) = International Survey of Roman Law
Inst.	Institutiones Iustiniani
Iul.	Iulian
IURA	Rivista internazionale di diritto romano e antico (Napoli)
Jg.	Jahrgang

K.	Kaiser
Marc.	Ulpius Marcellus
Marci.	Aelius Marcianus
m.E.	meines Erachtens
MEFRA	Mélanges de l'École française de Rome (Rom)
n.Chr.	nach Christus
Pal.	Palingenesia (Lenel)
Pap.	Papinian
Paul.	Iulius Paulus
pr.	*principium*
RIDA	Revue International des Droits de l'Antiquité (Brüssel)
RZ	Randziffer
S.	Seite
s.	siehe
Scaev.	Quintus Cervidius Scaevola
SDHI	Studia et documenta historiae et iuris (Rom)
sog.	sogenannt
TR	Tijdschrift voor rechtsgeschiedenis = Revue d'historie du droit = the legal history review (Leiden)
Ulp.	Domitius Ulpianus
v.a.	vor allem
v.Chr.	vor Christus
vgl.	vergleiche
vol.	Volume
z.B.	zum Beispiel
ZRG rom. Abt.	Zeitschrift für Rechtsgeschichte, Romanistische Abteilung (Wien) (auch Savigny Zeitschrift)

Literaturverzeichnis

ALTMANN, JOSEF, Die Wiedergabe römischen Rechts in griechischer Sprache bei Modestinus de excusationibus, in SDHI 21 (1955), S. 1–73.

AMARELLI, FRANCESCO, Locus solutionis. Contributo alla teoria del luogo dell'adempimento in diritto romano, Milano 1984.

AMIRANTE, LUIGI, „Captivitas" e „postliminium", Napoli 1950.

APATHY, PETER, Animus novandi, Das Willensmoment beim römischen Schulderneuerungsvertrag, Wien/New York 1975.

APATHY, PETER, Sachgerechtigkeit und Systemdenken am Beispiel der Entwicklung von Sachmängelhaftung und Irrtum beim Kauf im klassischen römischen Recht, ZRG rom. Abt. 111 (1994), S. 95–154.

APATHY, PETER, Rezension zu Francesco Amarelli, Locus solutionis. Contributo alla teoria del luogo dell'adempimento in diritto romano, Milano 1984, ZRG rom. Abt. 104 (1987), S. 759–761.

ARTNER, MICHAEL, Agere praescriptis verbis. Atypische Geschäftsinhalte und klassisches Formularverfahren, Berlin 2002.

AVENARIUS, MARTIN, Der pseudo-ulpianische liber singularis regularum. Entstehung, Eigenart und Überlieferung einer hochklassischen Juristenschrift, Göttingen 2005.

BABUSIAUX, ULRIKE, Papinians Quaestiones. Zur rhetorischen Methode eines spätklassischen Juristen, München 2011.

BABUSIAUX, ULRIKE, Kommentare des Kaiserrechts in Papinians Quaestiones, ZRG rom. Abt. 126 (2009), S. 156–186.

BABUSIAUX, ULRIKE, Celsus und Julian zum Edikt si certum petetur – Bemerkungen zu Prozess und „Aktionendenken", in: BALDUS, CHR./MIGLIETTA, M./SANTUCCI, G./STOLFI, E. (Hrsg.) Dogmengeschichte und Historische Individualität der römischen Juristen, Atti del Seminario internazionale, Trento 2012, S. 367–431.

BABUSIAUX, ULRIKE, Funktionen der Etymologie in der juristischen Literatur, Fundamina 20 I (2014), S. 39–60.

BABUSIAUX, ULRIKE, Wege zur Rechtsgeschichte: Römisches Erbrecht, Köln/Weimar/Wien 2015.

BALESTRI FUMAGALLI, MARCELLA, La Lex Iunia de manumissionibus, Milano 1985.

BARRY, NICHOLAS, Rezension zu Peter Stein, Regulae Iuris. From Juristic Rules to Legal Maxims, Edinburgh 1996, Journal of Roman Studies, Vol. 58 (1968).

Behrends, Okko, Le due giurisprudenze romane e le forme delle loro argomentazioni, Index 12 (1983–1984), S. 189–225.

Behrends, Okko, Die Grundbegriffe der Romanistik. Zugleich eine Warnung vor dem l'art pour l'art, Index 24 (1996), S. 1–69.

Behrends, Okko, Institut und Prinzip. Siedlungsgeschichtliche Grundlagen, philosophische Einflüsse und das Fortwirken der beiden republikanischen Konzeptionen in den kaiserzeitlichen Rechtsschulen, Band I, Göttingen 2004.

Behrens, Dietrich, Begriff und Definition in den Quellen, ZRG rom. Abt. 74 (1957), S. 352–363.

Behrens, Dietrich, D. 50.17.1, Miszellen, ZRG rom. Abt. 75 (1958), S. 353–361.

Berkemann, Jörg, Probleme der Regelbildung in der richterlichen Entscheidungspraxis, in: Herberger, Maximilian/Heumann, Ulfrid /Rüssmann, Helmut, Generalisierung und Individualisierung im Rechtsdenken, Stuttgart 1992, S. 7–22.

Betti, Emilio, Sul valore dogmatico della categoria „contrahere" in giuristi proculiani e sabiniani, BIDR XXVIII (1915), S. 3–96.

Biedermann, Felix, Die Rechtsansichten des Licinius Rufinus, Hamburg 2013.

Bonfante, Pietro, Corso di diritto romano, Vol. III, Diritti reali, Milano 1972.

Brutti, Massimo, La problematica del dolo processuale nell'esperienza romana, I und II, Milano 1973.

Bucher, Eugen, Römisches Recht: Dessen gewundene Wege bei seinen Rezipienten, in: Pichonnaz, Pascal/Vogt, Nedim Peter/Wolf, Stephan (Hrsg.), Spuren des römischen Rechts, Festschrift für Bruno Huwiler zum 65. Geburtstag, Bern 2007, S. 138–170.

Buckland, William Warwick, Marcian, in Studi S. Riccobono I, Palermo 1936.

Buda, Stefania, Rezension zu Francesco Amarelli, Locus solutionis. Contributo alla teoria del luogo di adempimento in diritto romano, Milano 1984, Index 18 (1990), S. 468–475.

Buigues Oliver, Gabriel La solución amistosa de los conflictos en Derecho romano: El arbiter ex compromisso, Madrid 1990.

Bund, Elmar, Juristische Logik und Argumentation, Freiburg 1983.

Bund, Elmar, Begriff und Einteilung der Servituten im römischen Recht, ZRG rom. Abt. 73 (1956), S. 155–219.

Burdese, Alberto, La nozione classica di naturalis obligatio, Torino 1955.

Burdese, Alberto, Rezension zu Giovanni E. Longo, Ricerche sull'obligatio naturalis, Milano 1962, IURA XIV (1963), S. 264–276.

Burdese, Alberto, Sul riconoscimento civile dei c.d. contratti innominati, IURA XXXVI (1985), S. 14–69.

Burdese, Alberto, Rezension zu Nunzia Donadio, La tutela del compratore tra „actiones aediliciae“ e „actio empti“, Milano 2004, IURA LVI (2006–2007), S. 243–254.

Cancelli, Filippo, L'origine del contratto consensuale di compravendita nel diritto romano, Milano 1963.

Cannata, Carlo Augusto Rezension zu Jan Dirk Harke, Mora debitoris und mora creditoris im klassischen römischen Recht, Berlin 2005, IURA LVII (2008–2009), S. 281–324.

Carcaterra, Antonio, Le definizioni dei giuristi romani. Metodo mezzi e fini, Napoli 1966.

Chastagnol, André, L'inscription constantinienne d'Orcistus, in MEFRA 93 (1981), S. 381–416.

Chiusi, Tiziana J., Die actio de in rem verso im römischen Recht, München 2001.

Coing, Helmut, Zum Einfluss der Philosophie des Aristoteles auf die Entwicklung des römischen Rechts, ZRG rom. Abt. 69 (1952), S. 24–59.

Colish, Marcia L., Stoic Tradition from Antiquity to the Early Middle Ages. II: Stoicism in Classical Latin Literature, Leiden 1985.

Corbo, Chiara, Constitutio Antoniana. Ius philosophia religio, Napoli 2013.

Cornioley, Pierre, Naturalis obligatio. Essai sur l'origine et l'évolution de la notion en droit romain, Genf 1964.

Costa, Emilio, Storia del diritto romano privato, Torino 1911.

Daubermann, Erich A., Die Sachgesamtheit als Gegenstand des klassischen römischen Recht, Frankfurt am Main/Berlin/Bern/New York/Paris/Wien 1993.

De Falco, Ines, Diligentiam praestare. Ricerche sull'emersione dell'inadempimento colposo delle obligationes, Napoli 1991.

De Dominicis, Antonio M., Rezension zu Giambattista Impallomeni, Le manomissioni mortis causa. Studi sulle fonti autoritative romane, Padova 1963, IURA XV (1964), S. 253–258.

De Giovanni, Lucio, Giuristi Severiani. Elio Marciano, Napoli 1989.

Di Cintio, Lucia, L'obbligo del pupillo tra naturalis obligatio e vinculum aequitatis, SDHI LXXIV (2008), S. 439–514.

Donadio, Nunzia, La tutela del compratore tra „actiones aediliciae“ e „actio empti“, Milano 2004.

Drosdowski, Thomas, Das Verhältnis von actio pro socio und actio communi dividundo im klassischen römischen Recht, Berlin 1998.

Dursi, Domenico (Hrsg.), Aelius Marcianus. Institutionum libri I–V, Scriptores iuris Romani, 4, Roma 2019.

Eckhardt, Bernd, Iavoleni Epistulae, in: Freiburger Rechtsgeschichtliche Abhandlungen, Neue Folge, Band 1, Berlin 1978

Elefante, Agostino, Interpellatio e Mora, Labeo 6 (1960), S. 30–40.

Fantetti, Elena, Punti di vista, L'inquadramento classico delle „res sanctae", Labeo (1956), S. 94–102.

Fargnoli, Iole, Rezension zu Antonio Saccoccio, Aliud pro alio consentiente creditore in solutum dare, Milano 2008, IURA LVII (2008–2009), S. 432–440.

Fargnoli, Iole (Hrsg.), Philip Lotmar, Das römische Recht vom Error, Frankfurt am Main 2019.

Fildhaut, Kathrin, Die libri disputationum des Claudius Tryphonius. Eine spätklassische Juristenschrift, in: Freiburger Rechtsgeschichtliche Abhandlungen, Neue Folge, Band 43, Berlin 2004.

Finkenauer, Thomas, Die Rechtsetzung Mark Aurels zur Sklaverei, Mainz/Stuttgart 2010.

Finkenauer, Thomas, Vererblichkeit und Drittwirkungen der Stipulation im klassischen römischen Recht, Tübingen 2010.

Finkenauer, Thomas, Le regulae iuris come strumenti mnemotecnici, Index 43 (2015), S. 15–21, erneut abgedruckt in Cosimo Cascione, Carla Masi Doria, Carlo Nitsch (Hrsg.), Regulae Iuris, Ipotesi di lavoro tra storia e teoria del diritto, Napoli 2016, S. 77–86.

Flume, Werner, Zum römischen Kaufrecht, ZRG rom. Abt. 54 (1934), S. 328–335.

Formigoni, Wanda, ΠΙΘΑΝΩΝ. A Paulo Epitomatorum libri VIII. Sulla funzione critica del commento del giurista Iulius Paulus, Milano 1996.

Frezza, Paolo, Le garanzie delle obbligazioni, Vol. I, Padova 1962.

Gagliardi, Lorenzo, Zur Figur des iudex privatus im römischen Zivilprozess. Eine historisch-soziologische Untersuchung auf der Grundlage literarischer Quellen, RIDA LV (2008), S. 241–266.

Gallo, Filippo, Alle origini dell'analogia, in: Ferdinando Bona/Massimo Miglietta, Opuscula selecta, Padova 1999, S. 895–931.

Germino, Emilio, La mora debitoris. Aspetti e problemi, in D'Ippolito Federico Maria (Hrsg.), φιλία, Scritti per Gennaro Franciosi, Napoli 2007, S. 1053–1073.

Giaro, Tomasz, „De ponte" oder „de monte"? Banalitäten in der römischen Jurisprudenz, Labeo (1990), S. 177–217.

Giaro, Tomasz, Römische Rechtswahrheiten. Ein Gedankenexperiment, Frankfurt am Main 2007.

Giménez-Candela, Teresa, El patronato sobre el liberto ex Sc. Silaniano, in: Cascione, Cosimo/Masi Doria, Carla (Hrsg.): Fides Humanitas Ius, Studii in onore di Luigi Labruna, IV, Napoli 2007, S. 2263–2273.

Gröschler, Peter, Rezension zu Michael Artner, Agere praescriptis verbis. Atypische Geschäftsinhalte und klassisches Formularverfahren, Schriften zur Rechtsgeschichte 94, Berlin 2002, ZRG rom. Abt. 124 (2007), S. 530–545.

Grosso, Giuseppe, Le servitù prediali nel diritto romano, Torino 1969.

Grosso, Giuseppe, Usufrutto e figure affini nel diritto romano, 2. Aufl., Torino 1958.

Grosso, Giuseppe, Corso di diritto romano. Le cose, Rivista di Diritto Romano I, 2001.

Härtel, Gottfried, Der favor libertatis im Imperium Romanum und sein gesellschaftlicher Zusammenhang nach den Digesten im 2./3. Jahrhundert unserer Zeit, Index 5 (1974–1975), S. 281–302.

Hamza, Gábor, Réflexions sur les présomptions relatives aux comourants (commorientes) en droit romain, RIDROM, Octubre 2008, S. 42–68.

Haymann, Franz, Die Haftung des Verkäufers für die Beschaffenheit der Kaufsache, I. Bd., Berlin 1912.

Heine, Sonja, Condictio sine datione. Zur Haftung aus ungerechtfertigter Bereicherung im klassischen römischen Recht und zur Entstehung des Bereicherungsrechts im BGB, Berlin 2006.

Hellmann, Friedrich, Zur Terminologie der römischen Rechtsquellen in der Lehre von der Unwirksamkeit der juristischen Thatsachen, ZRG rom. Abt. 23 (1902), S. 380–428.

Henle, Rudolf, D. 19.1.21.2, Miszellen, ZRG rom. Abt. 58 (1938), S. 180–185.

Herrmann-Otto, Elisabeth, Ex ancilla natus, Stuttgart 1994.

Höfler, Stefan/Bünzli, Alexandra, Controlled Legal German 1.0, Einführung und Spezifikation, Universität Zürich, Institut für Informatik, 2010.

Höfler, Stefan, Ein Artikel – eine Norm. Redaktionelle Überlegungen zur Diskursstruktur von Gesetzesartikeln, in: LeGes, Gesetzgebung Evaluation, 23 (3; 2012), S. 311–335.

Höfler, Stefan, Die Informationsstruktur von Rechtssätzen und ihre Bedeutung für die Gesetzesredaktion, in: LeGes, Gesetzgebung Evaluation, 27 (2; 2016), S. 225–251.

Höfler, Stefan, Das Legalitätsprinzip in der Gesetzessprache, in: Uhlmann, Felix (Hrsg.), Das Legalitätsprinzip in Verwaltungsrecht und Rechtsetzungslehre, Zürich/St. Gallen 2017, S. 143–171.

Honoré, Tony, Ulpian. Pioneer of Human Rights, 2. Aufl., Oxford 2002.

Honoré, Tony, Emperors and Lawyers, 2. Aufl., Oxford 2003.

Honsell, Heinrich/Mayer-Maly, Theo/Selb, Walter, Römisches Recht, 4. Aufl., Berlin/Heidelberg 1987.

Honsell, Heinrich, Quod interest im bonae-fidei-iudicium. Studien zum römischen Schadenersatzrecht, München 1969.

Honsell, Heinrich, Rezension zu Joseph Georg Wolf, Causa stipulationis, ZRG rom. Abt. 92 (1978), S. 328–338.

Horak, Franz, Rationes decidendi, Entscheidungsbegründungen bei den älteren römischen Juristen bis Labeo, I, Aalen 1969.

Horak, Franz, Die römischen Juristen und der „Glanz der Logik". Eine Erwiderung, Festschrift für Max Kaser, München 1970, S. 29–55.

Hopf, Wulf, Regelmässigkeiten und Typen. Das Durchschnittsverhalten in Max Webers Methodologie, Zeitschrift für Soziologie, Jg. 20, Heft 2, April 1991, S. 124–137.

Horn, Norbert, Argumentum ab Auctoritate in der legistischen Argumentationstheorie, in: Festschrift für Franz Wieacker zum 70. Geburtstag, Göttingen 1978, S. 261–272.

Impallomeni, Giambattista, Le manomissioni mortis causa. Studi sulle fonti autoritative romane, Padova 1963.

Impallomeni, Giambattista, Rezension zu Marcella Balestri Fumagalli, La Lex Iunia de manumissionibus, Milano 1985, IURA XXXVI (1985), S. 146–148.

Jakab, Eva, Praedicere und cavere beim Marktkauf. Sachmängel im griechischen und römischen Recht, München 1997.

Jakab, Eva, Periculum und Praxis: Vertragliche Abreden beim Verkauf von Wein, ZRG rom. Abt. 121 (2005), S. 189–232.

Jakobs, Horst Heinrich, Culpa und interpellatio bei der mora debitoris nach klassischem Recht, TR 42 (1974), S. 23–56.

Kaden, Erich-Hans, Das Schrifttum der Jahre 1950–1953 zur römischen Bereicherungslehre, Sammelbericht, ZRG rom. Abt. 71 (1954), S. 555–590.

Kaden, Erich-Hans, Rezension zu Siro Solazzi, La tutela e il possesso delle servitù prediali, Napoli 1949, IURA I (1950), S. 391–400.

Kaden, Erich-Hans, Rezension zu Amirante Luigi, „Captivitas" e „postliminium", IURA II (1951), S. 253–257.

Kalb, Wilhelm, Roms Juristen nach ihrer Sprache dargestellt, Aalen 1890.

Kaser, Max, Der Inhalt der patria potestas, ZRG rom. Abt. 58 (1938), S. 62–87.

Kaser, Max, Gaius und die Klassiker, ZRG rom. Abt. 70 (1953), S. 127–178.

Kaser, Max, Rezension zu Matteo Marrone, L'efficacia pregiudiziale della sentenza nel processo civile romano, Palermo 1955, IURA VII (1956), S. 216–224.

Kaser, Max, Das römische Privatrecht. Erster Abschnitt, 2. Aufl., München 1971.

KASER, MAX, Formeln mit „intentio incerta", „actio ex stipulatu" und „condictio", Labeo (1976), S. 7–29.

KASER, MAX, Perpetuari obligationem, SDHI 46 (1980), S. 87–146.

KASER, MAX, Römische Rechtsquellen und angewandte Juristenmethoden, Wien 1986.

KASER, MAX, Ius gentium, Köln/Weimar/Wien 1993.

KASER, MAX/HACKL, KARL, Das römische Zivilprozessrecht, 2. Aufl., München 1996.

KASER, MAX/KNÜTEL, ROLF/LOHSSE, SEBASTIAN, Römisches Privatrecht, 21. Aufl., München 2017.

KATZOFF, RANON, Precedents in the Courts of Roman Egypt, ZRG rom. Abt. 89 (1972), S. 256–292.

KELLY, JOHN MAURICE, Rezension zu Peter Stein, Regulae Iuris. From Juristic Rules to Legal Maxims, Edinburgh 1996, The Classical Review, Vol. 17 (1967), S. 360–361.

KLINCK, FABIAN, Die persönliche Haftung des filius familias, ZRG rom. Abt. 132 (2015), S. 126–153.

KNÜTEL, ROLF, Betrachtungen zur Rechtsfindung der römischen Juristen, in: Liber Amicorum Juan Miquel, Barcelona 2006, S. 523–555.

KNÜTEL, ROLF, Rechtsfragen zu den Freilassungsfideikommissen, in: FINKENAUER, THOMAS (Hrsg.): Sklaverei und Freilassung im römischen Recht, Symposium für Hans Josef Wieling zum 70. Geburtstag, Berlin/Heidelberg/New York 2006, S. 131–151.

KOCH, STEFAN, Sklavenfürsorge im Römischen Reich: Formen und Motive zwischen humanitas und utilitas, 2. Aufl., Hildesheim/Zürich/New York 2017.

KRÜCKMANN, PAUL, Versicherungshaftung im römischen Recht, ZRG rom. Abt. 63 (1943), S. 1–53.

KRÜGER, PAUL, Geschichte der Quellen und Literatur des römischen Rechts, Leipzig 1888.

KÜBLER, BERNHARD, Die Haftung für Verschulden bei Schuldverhältnissen, ZRG rom. Abt. 39 (1918), S. 172–223.

KUNKEL, WOLFGANG, Herkunft und soziale Stellung der römischen Juristen, 2. Aufl., Weimar 1967.

LABRUNA, LUIGI, Rescriptum Divi Pii. Gli atti del pupillo sine tutoris auctoritate, Napoli 1962.

LABRUNA, LUIGI, Errantis voluntas, Labeo 1962, S. 130–138.

LAMBERTI, FRANCESCA, Nominatim imponenda servitus, Labeo (1996), S. 37–82.

LAMBERTINI, RENZO, La problematica della commorienza nell'elaborazione giuridica romana, Milano 1984.

LAMBERTINI, RENZO, Limiti alla libera fruizione del mare, dei lidi e dei fiumi pubblici), in: GARBARINO, PAOLO/GIUNTI, PATRIZIA/VANOTTI, GABRIELLA (Hrsg.): Confini, circolazione, identità ed ecumenismo nel mondo antico, Atti del VII Incontro di Studi tra storici e giuristi dell'Antichità, Vercelli, 24–25 maggio 2018, Milano 2020, S. 65–97.

LIEBS, DETLEF, Älius Marcian. Ein Mittler des römischen Rechts in die hellenistische Welt, ZRG rom. Abt. 128 (2011), S. 39–82.

LIEBS, DETLEF, Lateinische Rechtsregeln und Rechtssprichwörter, 7. Aufl., München 2007.

LIEBS, DETLEF, Die Rolle der Paulussentenzen bei der Ermittlung des römischen Rechts, in: AVENARIUS, MARTIN (Hrsg.): Hermeneutik der Quellentexte des Römischen Rechts, Baden-Baden 2008, S. 157–175.

LONGO, GIANNETTO E., La categoria delle servitutes nel diritto romano classico, BIDR XI (1898), S. 281–340.

LONGO, GIANNETTO E., Ricerche sull'obligatio naturalis, Milano 1962.

LOTMAR, PHILIPP, Marc Aurels Erlass über die Freilassungsauflage, ZRG rom. Abt. 33 (1912), S. 304–382.

LÜDERSSEN, KLAUS, Regel und Fall, in: HERBERGER, MAXIMILIAN/HEUMANN, ULFRID/RÜSSMANN, HELMUT, Generalisierung und Individualisierung im Rechtsdenken, Stuttgart 1992, S. 129–142.

MANTHE, ULRICH, Die libri ex Cassio des Iavolenus Priscus, in: Freiburger Rechtsgeschichtliche Abhandlungen, Neue Folge, Band 4, Berlin 1982.

MANTOVANI, DARIO, Lessico dell'identità, in: Homo, caput, persona, La costruzione giuridica dell'identità nell'esperienza romana, Pavia 2010, S. 3–47.

MANTOVANI, DARIO, Costantinopoli non è Bologna. La nascita del Digesto fra storiografia e storia, in MANTOVANI, DARIO/PADOA SCHIOPPA, ANTONIO (Hrsg.), Interpretare il Digesto. Storia e metodi, Pavia 2014, S. 105–134.

MANTOVANI, DARIO, La secrète beauté des oeuvres des juristes romains, Critique LXXV N° 864, Mai 2019, S. 440–450.

MARTINI, REMO, Le definizioni dei giuristi romani, Milano 1966.

MARTINI, REMO, Rezension zu Wolfgang Waldstein, Operae libertorum. Untersuchungen zur Dienstpflicht freigelassener Sklaven, Stuttgart 1986, Index 19 (1991), S. 473–482.

MASI DORIA, CARLA, Inpudicitia, officium e operae libertorum, ZRG rom. Abt. 110 (1993), S. 77–102.

MASI DORIA, CARLA, Rezension zu Renzo Lambertini, La problematica della commorienza nell'elaborazione giuridica romana, Milano 1984, Index 16 (1988), S. 411–417.

MASIELLO, TOMMASO, I libri excusationum di Erennio Modestino, Napoli 1983.

MASIELLO, TOMMASO, Il proemio dei libri excusationum di Modestino, in Studi Sanfilippo, Vol. 3, Milano 1983, S. 433–450.

MAYER-MALY, THEO, Juristische Reflexionen über ius I, ZRG rom. Abt. 117 (2000), S. 1–29.

MAYER-MALY, THEO, Das ius gentium bei den späteren Klassikern, IURA 34 (1983), S. 91–102.

MAYER-MALY, THEO, Collusio im Zivilprozess, ZRG rom. Abt. 71 (1954), S. 242–273.

MEDICUS, DIETER, Zur Geschichte des Senatus Consultum Velleianum, Köln/Graz 1957.

MEDICUS, DIETER, Id quod interest. Studien zum römischen Recht des Schadenersatzes, Köln/Graz 1961.

MELILLO, GENEROSO, In solutum dare. Contenuto e dottrine negoziali nell'adempimento inesatto, Napoli 1970.

METRO, ANTONINO, Il „legatum partitionis", Labeo (1963), S. 291–330.

MÖLLER, COSIMA, Die Servituten. Entwicklungsgeschichte, Funktionen und Struktur der grundstückvermittelten Privatrechtsverhältnisse im römischen Recht. Mit einem Ausblick auf die Rezeptionsgeschichte und das BGB, Göttingen 2010.

MONTEL, ALBERTO, La mora del debitore. Requisiti nel diritto romano e nel diritto italiano, Padova 1930.

MÜLLER-EHLEN, MARTINA, Hereditatis petitio: Studien zur Leistung auf fremde Schuld und zur Bereicherungshaftung im der römischen Erbschaftsklage, Köln/Weimar/Wien 1998.

MUSUMECI, FRANCESCO, Marciano e gli effetti della „datio in solutum". Osservazioni su D. 46.3.46, IURA XX (1969), S. 524–538.

NÖRR, DIETER, Divisio und Partitio, Berlin 1972.

NÖRR, DIETER, Zur Reskriptenpraxis in der hohen Prinzipatszeit, urspr. ZRG rom. Abt. 98 (1981), S. 1–46, jetzt in: HIA II, S. 1323–1368.

NÖRR, DIETER, Spruchregel und Generalisierung, ZRG rom. Abt. 89 (2003), S. 18–93.

PAPAKONSTANTINOU, KALLIOPI, Die collatio dotis, Mitgift und Miterben-Auseinandersetzung im römischen Recht, Köln/Weimar/Wien 1998.

PESCANI, PIETRO, Le „operae libertorum", Trieste 1967.

PERNICE, ALFRED, Ulpian als Schriftsteller, Pagine vive, Labeo 8 (1962), S. 362–389.

PERIÑÁN, BERNARDO, Pomponio y la clasificación de los modos de extinción de las obligaciones, IURA LII (2001), S. 180–225.

PFLÜGER, HEINRICH HACKFELD, Über die condictio incerti, ZRG rom. Abt. 18 (1897), S. 75–113.

PICHONNAZ, PASCAL, Demeure et interpellation, in: CHEVREAU, EMMANUELLE/ KREMER, DAVID/LAQUERRIÈRE-LACROIX, AUDE (Hrsg.), Carmina iuris, Mélanges en l'honneur de Michel Humbert, Paris 2012, S. 655–677.

PLISECKA, ANNA, „Tabula picta". Aspetti giuridici del lavoro pittorico in Roma antica, Padova 2011.

PRINGSHEIM, FRITZ, Id quod actum est, ZRG rom. Abt. 78 (1961), S. 1–91.

PRINGSHEIM, FRITZ, jus aequum und jus strictum, Miszellen, ZRG rom. Abt. 42 (1961). S. 643–668.

PROCCHI, FEDERICO, „Licet emptio non teneat". Alle origini delle moderne teoriche sulla cd. „culpa in contrahendo", Padova 2012.

PROVERA, GIUSEPPE, Lezioni sul processo civile giustinianeo, Parte I, Torino 2010.

PUGLIESE, GIOVANNI, Intorno all'impossibilità della prestazione causata dal „paterfamilias" e dal „fideiussore", in Studi in onore di Ugo Enrico Paoli, Firenze 1955, S. 569–597.

RÖHLE, ROBERT, Die in D. 26.6.2pr. erhaltene Titelrubrik aus Modestins lib. I de excusationibus, in ZRG rom. Abt. 103 (1986), S. 457–459.

ROTH, HANS-JÖRG, Alfeni Digesta. Eine spätrepublikanische Juristenschrift, in: Freiburger Rechtsgeschichtliche Abhandlungen, Neue Folge, Band 32, Berlin 1999.

SACCOCCIO, ANTONIO, Aliud pro alio consentiente creditore in solutum dare, Milano 2008.

SANTALUCIA, BERNARDO, Rezension zu Bruno Schmidlin, Die römischen Rechtsregeln. Versuch einer Typologie, Köln/Wien 1970, Labeo (1974), S. 259–276.

SCHERMAIER, MARTIN JOSEF, Auslegung und Konsensbestimmung, ZRG rom. Abt. 115 (1998), S. 235–288.

SCHLICHTING, GERHARD, Die Verfügungsbeschränkung des Verpfänders im klassischen römischen Recht, Karlsruhe 1973.

SCHLOSSMANN, SIEGMUND, Zu I.16 Dig. de cond. causa data 12.4 und zur Eviktionshaftung bei stipulatio rem dari, ZRG rom. Abt. 29 (1908), S. 309–339.

SCHMIDLIN, BRUNO, Die römischen Rechtsregeln. Versuch einer Typologie, Köln/ Wien 1970.

SCHMIDLIN, BRUNO, Horoi, pithana und regulae – Zum Einfluss der Rhetorik und Dialektik auf die juristische Regelbildung, ANRW II.15 (1976), S. 101–130.

SCHMIDT-OTT, JUSTUS, Pauli Quaestiones. Eigenart und Textgeschichte einer spätklassischen Juristenschrift, in: Freiburger Rechtsgeschichtliche Abhandlungen, Neue Folge, Band 18, Berlin 1993.

SCHMIEDER, PHILIPP, Duo rei, Berlin 2007.

SEILER, HANS HERMANN, Utile per inutile non vitiatur. Zur Teilunwirksamkeit von Rechtsgeschäften im römischen Recht, Festschrift für Max Kaser zum 70. Geburtstag, München 1976, S. 127–147.

SIBER, HEINRICH, Interpellatio und Mora, ZRG rom. Abt. 29 (1908), S. 47–113.

SIGNORINI, ROBERTO, Adsignare libertum, La disponibilità del patronatus tra normazione senatoria ed interpretatio giurisprudenziale, Milano 2009.

SIGNORINI, ROBERTO, D. 34.5 „De rebus dubiis", Profili sistematici e rassegna casistica, Milano 2014.

SILLA, FRANCESCO MARIA, La „cognitio" sulle „libertates fideicommissae", Padova 2008.

SOLAZZI, SIRO, L'estinzione della obbligazione, Napoli 1935.

SOLAZZI, SIRO, La tutela e il possesso delle servitù prediali, Napoli 1949.

SOLAZZI, SIRO, Servitutis mentio in mancipatione, SDHI XVIII (1952), S. 220–223.

SOLAZZI, SIRO, Ritorni su Gaio, IURA VIII (1957), S. 5–28.

SOLIDORO, MARUOTTI LAURA, Aequitas e ius scriptum. Profili storici, Annali della Facoltà dell'Università di Camerino, 1 (2012), S. 207–320.

STAGL, JAKOB FORTUNAT, Die Ausgleichung von Vorteil und Nachteil als Inhalt klassischer aequitas, in: MANTOVANI, DARIO/SCHIAVONE, ALDO (Hrsg.), Testi e problemi del giusnaturalismo romano, Pavia 2007, S. 675–713.

STEIN, PETER, Fault in the formation of contract in Roman Law and Scots Law, Aberdeen 1957.

STEIN, PETER, Regulae iuris. From juristic rules to legal maxims, Edinburgh 1966.

STEIN, PETER, Sabino contra Labeone. Due tipi di pensiero giuridico romano, in BIDR 80 (1977), S. 55–67.

STEINER, ANJA, Die römischen Solidarobligationen. Eine Neubesichtigung unter aktionenrechtlichen Aspekten, München 2009.

STEPAN, SEBASTIAN, Scaevola noster: Schulgut in den libri disputationum des Claudius Tryphoninus?, Tübingen 2018.

TAFARO, SEBASTIANO, Rezension zu Heinrich Honsell, Quod interest im bonae-fidei-iudicium. Studien zum römischen Schadenersatzrecht, München 1969, Index 2 (1971), S. 359–374.

TALAMANCA, MARIO, Ricerche in tema di compromissum, Milano 1958.

TALAMANCA, MARIO, La storia del SC. Velleiano, Letture, Labeo 1 (1958), S. 99–110.

THOMAS, JOSEPH ANTHONY CHARLES, Naturalis obligatio pupilli, in: Becker, Walter G./Schnorr von Carolsfeld, Ludwig (Hrsg.), Sein und Werden im Recht. Festgabe für Ulrich von Lübtow zum 70. Geburtstag am 21. August 1970, S. 457–479.

THOMAS, JOSEPH ANTHONY CHARLES, Pro noxal surrender, Labeo (1971), S. 16–32.

TRAMPEDACH, FRIEDRICH, Die Form der Litiscontestation im Formularprozess, ZRG rom. Abt. 18 (1897), S. 114–145.

VACCA, LETIZIA, Ancora sull'estensione dell'ambito di applicazione dell'actio empti in età classica, IURA XLV (1994), S. 35–73.

VALIÑO, EMILIO, Actiones utiles, Pamplona 1974.

VITTINGHOFF, FRIEDRICH, Römische Stadtrechtsformen, ZRG rom. Abt. 68 (1951), S. 434–485.

VOCI, PASQUALE, Diritto ereditario romano II, Milano 1963.

VOCI, PASQUALE, Testamento pretorio, Labeo 1967, S. 319–348.

VOCI, PASQUALE, Rezension zu Joseph Georg Wolf, Error im römischen Vertragsrecht, Köln/Graz 1961, IURA XIV (1963), S. 233–237.

VÖLKL, ARTUR, Rezension zu Lucio De Giovanni, Giuristi Severiani. Elio Marciano, Napoli 1989, ZRG rom. Abt. 109 (1992), S. 655–659.

VOLTERRA, EDOARDO, L'opera di Erennio Modestino de excusationibus, in Studi Scaduto, Vol. 3, Padova 1970.

VON LÜBTOW, ULRICH, Beiträge zur Lehre von der condictio nach römischem und geltendem Recht, Berlin 1952.

VON MAYR, ROBERT, Condictio incerti, ZRG rom. Abt. 25 (1904), S. 188–232.

WACKE, ANDREAS, Sul concetto di dolus nell'actio de dolo, IURA 28 (1977), S. 10–39.

WALDSTEIN, WOLFGANG, Operae libertorum. Untersuchung zur Dienstpflicht freigelassener Sklaven, Stuttgart 1986.

WALDSTEIN, WOLFGANG, Cicero, Servius und die „Neue Jurisprudenz", IURA XLIV (1993), S. 86–147.

WATSON, ALAN, The law of obligations in the later Roman republic, Oxford 1965.

WESENER, GUNTER, Actiones ad exemplum, ZRG rom. Abt. 75 (1958), S. 220–250.

WESENER, GUNTER, Rezension zu Mario Talamanca, Ricerche in tema di „compromissum", Milano 1958, ZRG rom. Abt. 79 (1962), S. 465–469.

WESENER, GUNTER, Iulians Lehre vom usufructus, ZRG rom. Abt. 81 (1964), S. 83–108.

WESENER, GUNTER, Rezension zu Maria Floriana Cursi, Modus servitutis. Il ruolo dell'autonomia privata nella costruzione del sistema tipico delle servitù prediali, Napoli 1999, IURA L (1999), S. 221–226.

WESENER, GUNTER, Rezension zu Cosima Möller, Die Servituten. Entwicklungsgeschichte, Funktion und Struktur der grundstückvermittelten Privatrechtsverhältnisse im römischen Recht. Mit einem Ausblick auf die Rezeptionsgeschichte und das BGB, Göttingen 2010, IURA LIX (2011), S. 379–391.

WIEACKER, FRANZ, Textstufen klassischer Juristen, Göttingen 1960.

WIEACKER, FRANZ, Rezension zu Peter Stein, Regulae Iuris. From Juristic Rules to Legal Maxims, Edinburgh 1996, ZRG rom. Abt. 84 (1967), S. 434–443.

WIEACKER, FRANZ, Römische Rechtsgeschichte. Zweiter Abschnitt, Die Jurisprudenz vom frühen Prinzipat bis zum Ausgang der Antike, München 2006.

WIEACKER, FRANZ, Vom Umgang des Romanisten mit den Nachbardisziplinen der Altertumswissenschaft. Notwendigkeit, Anwendungsbedingungen und Grenzen, Index 22 (1994), S. 3–30.

WIELING, HANS JOSEF, Sachenrecht, Band I, Sachen, Besitz und Rechte an beweglichen Sachen, 2. Aufl., Trier 2006.

WIELING, HANS JOSEF, Falsa demonstratio, condicio pro non scripta, condicio pro impleta im römischen Testament, ZRG rom. Abt. 87 (1970), S. 197–245.

WIELING, HANS JOSEF, Subjektive Reichweite der materiellen Rechtskraft im römischen Recht, ZRG rom. Abt. 102 (1985), S. 291–326.

WLASSAK, MORIZ, Der Gerichtsmagistrat im gesetzlichen Spruchverfahren, ZRG rom. Abt. 28 (1907), S. 1–114

WOLF, JOSEPH GEORG, Error im römischen Vertragsrecht, Köln/Graz 1961.

WOLODKIEWICZ, WITOLD, „Libertas non privata sed publica res est“, Index 39 (2011), S. 216–221.

WUNNER, SVEN ERIC, Rechtsfolgen der Konsumtion fremder Sachen, in: NÖRR DIETER/Simon Dieter (Hrsg.), Gedächtnisschrift für Wolfgang Kunkel, 1984, S. 583–610.

ZIEGLER, KARL-HEINZ, Das private Schiedsgericht im antiken römischen Recht, München 1971.

ZIEGLER, KARL-HEINZ, Rezension zu Oliver Gabriel Buigues, La solución amistosa de los conflictos en Derecho romano: El arbiter ex compromisso, Madrid 1990, ZRG rom. Abt. 109 (1992), S. 683–690.

ZILLETTI, UGO, La dottrina dell'errore nella storia del diritto romano, Milano 1961.

ZÜLCH, CARSTEN, Der liber singularis responsorum des Ulpius Marcellus, Berlin 2001.

Materialienverzeichnis

BEHRENDS, OKKO/KNÜTEL, ROLF/KUPISCH, BERTHOLD/SEILER, HANS HERMANN (Hrsg.), Corpus Iuris Civilis. Text und Übersetzung, Bd. 1: Institutionen, 2. Aufl., Heidelberg 1997; BEHRENDS, OKKO/KNÜTEL, ROLF/KUPISCH, BERTHOLD/SEILER, HANS HERMANN (Hrsg.), Corpus Iuris Civilis. Text und Übersetzung, Bd. 2: Digesten 1–10, Heidelberg 1995; BEHRENDS, OKKO/KNÜTEL, ROLF/KUPISCH, BERTHOLD/SEILER, HANS HERMANN (Hrsg.), Corpus Iuris Civilis. Text und Übersetzung, Bd. 3: Digesten 11–20, Heidelberg 1999; BEHRENDS, OKKO/KNÜTEL, ROLF/KUPISCH, BERTHOLD/SEILER, HANS HERMANN (Hrsg.), Corpus Iuris Civilis. Text und Übersetzung, Bd. 4: Digesten 21–27, Heidelberg 2005; KNÜTEL, ROLF/KUPISCH, BERTHOLD/RÜFNER, THOMAS/SEILER, HANS HERMANN (Hrsg.), Corpus Iuris Civilis. Text und Übersetzung, Bd. 5: Digesten 28–34, Heidelberg 2012.

KRUEGER, PAUL, Corpus Iuris Civilis, Codex Iustinianus, Bd. 2, 9. Aufl., Berlin 1915.

LENEL, OTTO, Palingenesia iuris civilis, 2 Bde., Leipzig 1889 (Neudr. 1961).

MANTHE, ULRICH, Gaii Institutiones, Die Institutionen des Gaius, Darmstadt 2004.

MOMMSEN, THEODOR (Hrsg.), Digesta Iustiniani Augusti, 2 Bde., Berlin 1870 (Neudr. 1962/63).

Quellenregister

1. Juristische Quellen

Gai. Institutiones

Digesta

2. Literarische Quellen

www.ingramcontent.com/pod-product-compliance
Ingram Content Group UK Ltd.
Pitfield, Milton Keynes, MK11 3LW, UK
UKHW021132041026
8980IPUK00034B/1734

9 783631 830635